2021

SICHER ZUM

REALSCHULABSCHLUSS DEUTSCH

Baden-Württemberg

Christel Metzger
Nina Wagner
mit Texten von **Julia Biedermann**

Trainingsbuch

Vorwort 5

Übersicht zum Aufbau der schriftlichen Prüfung 6

Übungen zum Pflichtteil – Prüfungsteil A1
Sachtexte verstehen

Material 1: Julia Biedermann, *Persönliche Bindung statt Bildschirm* 7

Material 2: Julia Biedermann, *Nachhaltiger leben – Bewege den Tag!* 12

Material 3: Julia Biedermann, *Natürlich schön – schön, natürlich!* 15

Übungen zum Wahlteil – Prüfungsteil B
Teil I: Dialektische Erörterung zu Sachtexten und Zusatzmaterialien

Thema 1: Schönheit 18

   Material 1: Julia Biedermann, *Heißt schön zu sein auch glücklich zu sein?* 21

   Grundlagen für die Erörterung 22

Thema 2: Familienkommunikation 26

   Material 2: Julia Biedermann, *Das Smartphone als Familienmitglied?* 27

   Schreibvorbereitung 27

   Aufbau einer dialektischen Erörterung: Das Sanduhrprinzip 28

   Beispiel einer dialektischen Erörterung 30

   Schritt für Schritt eine dialektische Erörterung verfassen 33

   Der Schlusskommentar: einen eigenen Standpunkt einnehmen 34

   Formulierungshilfen 35

   Zusatzmaterial 1: Eine Karikatur auswerten 37

Thema 3: Minimalismus 38

   Zusatzmaterial 2: Ein Diagramm auswerten 38

   Material 3: Julia Biedermann, *Mit neuer Lebenseinstellung zu mehr Freiheit?* 40

   Eine eigene Erörterung verfassen und das vorgegebene Material nutzen 41

   Übungen zu Sprache und Stil 42

Teil II: Textbeschreibung Lyrik

Material 1: Bas Böttcher, *Ein Sommertagtraum* 46

   Arten von Gedichten nach thematischen und formalen Aspekten 48

   Der Einleitungssatz/Basissatz zur Textbeschreibung 49

   Übersicht über den Aufbau einer Textbeschreibung Lyrik 50

   Formbeschreibung und Sprachanalyse 51

   Stilanalyse 52

Material 2: Walle Sayer, *Suchbild* 53

   Christel Metzger, *Autor und Werk – ein Interview mit Walle Sayer* 55

   Gedichte ohne Reime – die freie Zeilenkomposition 58

   Schreibaufgabe im Stil der Prüfung – Erarbeitung des Inhalts 59

   Ein reflektierter Schluss ziert alles! 62

Material 3: Elke Oertgen, *Erde* 63

   Schreibaufgabe im Stil der Prüfung – Gliederungsraster 65

   Ausschnitte aus einer Gedichtbeschreibung 67

   Die Inhaltsbeschreibung 68

Material 4: Conrad Ferdinand Meyer, *Zwei Segel* 69

Metrum und Rhythmus 69

Material 5: Franz Werfel, *Der rechte Weg* 70

Lyrik-Lernkarten zu Schreiben und Analyse 71

Teil III: Textbeschreibung Prosa

Werkzeugkoffer zur Textbeschreibung Prosa 75

Material 1: Hermann-Josef Schüren – Ermittlung des Titels 76

Arbeit am Text mit dem Lesekamm 76

Material 2: Christel Metzger, *Lieblingsstück* 79

Textvergleich 81

Kurze Prosa: Textsorten 82

Schreibaufgabe im Stil der Prüfung – Wahl zwischen M1 und M2 85

Material 3: Jenny Erpenbeck, *Dinge* 86

Aufgaben zur inhaltlichen Erarbeitung 87

Schreibaufgabe im Stil der Prüfung – Textbeschreibung 90

Material 4 (im Downloadbereich mit Erarbeitungsaufgaben): Franz Kafka, *Heimkehr*

Material 5: James Thurber, *Die Kaninchen, die an allem schuld waren* 91

Schreibaufgabe im Stil der Prüfung 92

Raster zur Schreibvorbereitung 92

Prosa-Lernkarten zu Schreiben und Analyse 93

Grammatik
Sprachgebrauch und Sprachreflexion

Vom Wort zur Wortgruppe zum Satz zum Text 97

Grammatik der Wörter und Wortarten 99

Flektierbare Wortarten und Wortgruppen 100

Das Verb – die Verben 100

Das Nomen – die Nomina 109

Artikelwörter: Artikel und Pronomen 113

Das Adjektiv – die Adjektive 114

Nicht flektierbare Wortarten 115

Das Adverb – das Adverbial 115

Die Präposition – die Präpositionen 116

Die Partikel – die Partikeln 116

Grammatik des Satzes und der Satzarten 118

Das Verb (Prädikat) als Satzklammer 118

Das Feldermodell 118

Weitere Vertiefung: das komplexe Satzgefüge 119

Die Satzglieder: Subjekt, Prädikat, Objekt 121

Nebensätze – Gliedsätze 122

Satzgliedteile: Attribute und Attributsätze 122

Adverbialsätze 123

Dass-Sätze 125

Infinitivgruppe – Partizipialgruppe 127

Ergänzend erhältlich:

Christel Metzger

Schülerarbeitsheft
M-Niveau

Gabriele Clima
Der Sonne nach

DIN A4
ISBN 978–3–96323–006–6

Bestell-Nr. S3006

Dieses Trainingsbuch enthält eine Reihe von Symbolen am Rand, die dir helfen sollen, dich bei der Arbeit mit diesem Buch einfacher zu orientieren.

Nachfolgend findest du eine kurze Erklärung der Symbole.

Christel Metzger

Lehrerheft
M-Niveau

Gabriele Clima
Der Sonne nach

DIN A4
ISBN 978–3–96323–005–9

Bestell-Nr. L3005

☞ **Abgabe nur an Lehrkräfte gegen Nachweis**

 Leseauftrag

 Schreibaufgabe

 Information/Wissen

 Hinweis/Tipp

 Internetrecherche

 Merke!

 Materialien im Downloadbereich

 Partnerarbeit

 Gruppenarbeit

 Basiswissen

Lösungsheft zum Trainingsbuch

Sicher zum Realschulabschluss Deutsch Baden-Württemberg 2021

17 x 24 cm
ISBN 978–3–96323–032–5

Bestell-Nr. Lö3032

 Downloadbereich

Im Downloadbereich findest du ergänzende Materialien zu diesem Heft. Um an die Downloadmaterialien zu gelangen, scanne einfach den QR-Code oder gib den folgenden Kurzlink (ohne „www."/„https://") in die Adresszeile deines Browsers ein:

Kugverlag.de/s3033

Sollte der Kurzlink nicht funktionieren, kannst du folgenden verwenden:

https://download.krapp-gutknecht.de/index.php/s/76Ldf3GiLKxc8zT

SCAN ME

 Schaue öfter im Downloadbereich vorbei, besonders in den Wochen vor der „heißen" Prüfungsphase, da wir den Downloadbereich erweitern, aktualisieren und vervollständigen, falls es noch weitere Informationen für deine Prüfung gibt und wir dich unterstützen können.

Liebe Schülerin, lieber Schüler,

du hast ein völlig normales erstes Schulhalbjahr der 9. Klasse hinter dir – und plötzlich wird alles anders. Homeschooling, Video-Unterricht oder ganz klassische Aufgaben musstest du ohne festen Stundenplan der Schule selbstständig bearbeiten. Fast wäre dir ein solch altmodischer Unterricht wie auf dem Gemälde noch lieber gewesen, oder?

Dieses Trainingsbuch soll dir in der neu gestalteten Abschlussprüfung, die 2021 bevorsteht, Orientierung, Unterstützung und Strategien zur Lösung der Aufgaben geben.

Schritt für Schritt führen wir dich durch sämtliche prüfungsrelevanten Bereiche, von Sachtexten und deren dialektischer Erörterung über Lyrik und Prosa bis hin zu Schwerpunkten der Grammatik.

Viele Aufgabenformen, Merkmale von pragmatischen und literarischen Texten und Vorgehensweisen zur Bewältigung von Schreibaufgaben kennst du bereits. Dein Grammatikwissen nutzt du zum Verständnis gesprochener und geschriebener Sprache.

Carl Hertel, Jung-Deutschland in der Schule,
Ölgemälde in der Nationalgalerie, Berlin
Wikipedia.org

Nun sollen dich neue Texte, Themen und die eine oder andere noch unbekannte Herangehensweise neugierig machen und dir Freude bei der Entdeckung spannender Einsichten vermitteln. Denn eins steht fest: So ein ungelesener Text bietet dir gar nichts; hingegen kann dich ein intensiv bearbeiteter, also verstandener Text um so vieles reicher machen, was du vielleicht erst später entdecken wirst. Als Autorinnen legen wir viel Wert darauf, in deine Welt einzusteigen, dir sozusagen Gedanken-Futter zu bieten. Nichts Schöneres, als wenn du später einmal sagen wirst: Dieser oder jener Text oder ein Thema hat mich immer begleitet, hat mir viel gegeben, hat mein Denken verändert, mich weitergebracht.

Das genaue und faktenorientierte Lesen ist gerade auch in unserer Zeit von größter Bedeutung. Schnell kann man jemandem vertrauen wollen, der sogenannte absolute Wahrheiten verspricht. Hier wäre gerade im Gegenteil absolute Vorsicht geboten. Hinter die Worte zu steigen heißt auch, die Textabsicht oder gar Absicht von Sprechern oder Schreibern zu ermitteln. Das ist eine wichtige Grundvoraussetzung für mündige Staatsbürger. Das bedeutet ebenso, dass du alles in diesem Heft mit deinen Augen und deinem Verstand wahrnimmst und prüfst.

Sollten du oder deine Lehrkraft noch Fragen oder Wünsche nach Ergänzungen haben, dann unterstützt der Verlag Krapp & Gutknecht dich und die Lehrer/innen gerne. Darüber hinaus wird der Downloadbereich im Laufe des Jahres ergänzt. Ein kompletter Teil zur Textbeschreibung Prosa befindet sich bereits dort, sodass du bei Bedarf noch mehr üben kannst. Schau dich also immer wieder auf der Plattform um. Wir kennzeichnen neue Dateien.

*Wir wünschen dir Freude bei der Arbeit mit diesem Trainingsbuch
und natürlich bestmöglichen Erfolg in der Prüfung!*

Übersicht zum Aufbau der schriftlichen Prüfung

Neue schriftliche Abschlussprüfung an Realschulen		
Prüfungsteil	**Schreib-/Aufgaben**	**Zeit: 240 Min.**
Pflichtteil A	**A1 Sachtext:** Aufgaben zu Textverstehen, Grammatik (Struktur, Funktion, Gebrauch und Reflexion von Sprache), Orthographie, Wortbedeutung usw.	
	A2 Pflichtlektüre: Aufgaben zu Textverstehen sowie produktiven Schreibformen	
Wahlteil B (Bearbeitet wird eine Aufgabe)	**a) Dialektische Erörterung zu Sachtext und Zusatzmaterial** Textgrundlage mit ähnlichem Thema wie im Sachtext Pflicht A1 Aufgabenstellung mit Hinweisen	
	b) Textbeschreibung Lyrik Aufgabenstellung mit Schwerpunkten	
	c) Textbeschreibung Prosa Aufgabenstellung mit Schwerpunkten	

Vorbemerkungen zu den Prüfungsteilen A1 und A2

Ein Sachtext ist die Grundlage dieses Prüfungsteils, der mit 25 Punkten bewertet wird.

A1 Vorgehensweise: Um die Zeit sinnvoll zu nutzen, lohnt es sich, den Text kurz zu überfliegen. Mittels Titel und grobem inhaltlichen Überblick bist du über den Inhalt orientiert. Lies danach die Aufgaben mit dem Marker in der Hand. Markiere jeweils die wichtigen Operatoren und Schlüsselwörter für den Arbeitsauftrag. Bearbeite sie der Reihe nach. Es kann sein, dass die Lösungen auf einem separaten Blatt notiert werden müssen. Den Platzbedarf je Antwort/Ergebnis erkennst du an der Aufgabenstellung. Lass entsprechenden Platz frei, wenn du eine Aufgabe schwierig findest. Nimm sie dir am Ende nochmals vor.

Der Prüfungsteil A2 wird ebenfalls mit 25 Punkten bewertet.

A2 Vorgehensweise: Zur Lektüre erscheint ein lesebegleitendes Arbeitsheft. Dadurch wirst du im Roman *Der Sonne nach* bereits Markierungen und Notizen vorgenommen haben. Lies auch bei diesem Aufgabenteil zuerst die einzelnen Aufgaben und markiere wie in A1. Es werden einige Aufgaben zum Textverständnis sein und eine produktive Schreibaufgabe. Bearbeite die produktive Aufgabe erst im Anschluss an die anderen, da evtl. ein Zusammenhang besteht.

Gabriele Clima
Der Sonne nach
Christel Metzger

Schülerarbeitsheft
M-Niveau
DIN A4
ISBN 978–3–96323–006–6

Bestell-Nr. S3006

Übungen zum Pflichtteil – Prüfungsteil A1
Sachtexte verstehen

Material 1
Persönliche Bindung statt Bildschirm

Julia Biedermann

1 Ein vertrauter Anblick: Während mit der einen Hand der Kinderwagen geschoben wird, umklammert
2 die andere ein Smartphone. So entsteht bisweilen der Eindruck, dass die meisten Eltern entweder
3 durch Chat-Verläufe abgelenkt seien oder aber ihr Kind nur noch durch die Kamera-App mitverfolgen
4 würden. Dabei nehmen bekanntlich schon Säuglinge vertraute Gesichter, die dazugehörigen Stimmen
5 sowie die Stimmung ihrer Bezugsperson wahr. Ist diese nun verärgert, weil sie gerade auf ihrem Smart-
6 phone eine unerfreuliche Nachricht erhalten hat, wird auch das vom Kind registriert. Es kann jedoch
7 noch nicht erkennen, dass diese Emotion gar nicht ihm gilt, und deutet sie möglicherweise falsch.

8 Vor allem in den ersten Lebensmonaten ist es wichtig, dem Kind möglichst viel Aufmerksamkeit zu
9 schenken und seine Handlungen zu kommentieren. Auch wenn ein Säugling noch nicht verstehen
10 kann, was gesagt wird, spürt er dennoch die stimmlich ausgedrückte Zuwendung seiner Eltern.
11 Das gilt nicht nur für kleine Kinder: Aufmerksam zu sein und sich mit ihnen zu unterhalten hilft
12 Kindern dabei, sich in der Welt zurechtzufinden, die für sie nicht nur spannend, sondern auch be-
13 ängstigend sein kann. Interesse an ihnen und ihrem Leben zu zeigen, fördert das Vertrauen und
14 ebenso das Selbstvertrauen der Kinder.[1]

15 In Anbetracht dessen ist es eine besorgniserregende Entwicklung, dass oft schon Kleinkinder das elter-
16 liche Smartphone bedienen können, weil sie mit digitalen Geräten ruhiggestellt werden. Persönliche
17 Gespräche sind eine wesentliche Grundlage für Wortschatzbildung und -erweiterung.
18 Eine weitere gute Möglichkeit zur Sprachförderung ist das Vorlesen. Dabei ist es elementar, auf das
19 Kind einzugehen, also etwa das Buch von ihm auswählen zu lassen und während des Lesens aufkom-
20 mende Fragen zu beantworten. Diese Anschlusskommunikation bezeichnet also keinen reinen Vor-
21 trag, sondern den interaktiven Austausch mit dem Kind über das Gelesene. Denselben Zweck erfüllt
22 das Erfinden eigener Geschichten, was etwas mehr Kreativität erfordert. Kinder können sich Handlun-
23 gen erstaunlich gut merken, wenn sie ihnen vertraut sind, und kommentieren Kürzungen oder Ände-
24 rungen meist sofort mit: „Das stimmt so nicht!"

25 Warum also nach einem anstrengenden Arbeitstag nicht einfach ein Hörbuch einsetzen? Schließlich
26 bleibt da die Erzählung immer gleich und zudem ist es professionell eingesprochen. Über Hörbücher
27 gelangen Kinder letztlich auch zum Lesen, was eine wichtige Erziehungsaufgabe der Eltern ist. Darüber
28 hinaus sind sie praktisch, insbesondere auf längeren Autofahrten, können aber das Vorlesen und die
29 gemeinsame Zeit mit den Eltern nicht ersetzen, sondern nur ergänzen.

30 Auf der anderen Seite unterstützt die moderne Technik aber auch die Eltern. Mittlerweile gibt es unter ande-
31 rem Apps, die vorlesewillige Eltern mit abwechslungsreichen Geschichtentipps und Texten versorgen.

32 Es ist auch nicht verwerflich, als Elternteil mal kurz seine Nachrichten zu checken oder wichtige Ent-
33 wicklungsschritte seines Sprösslings aufzunehmen – solange man diese privaten Momente nicht un-
34 kontrolliert im Internet teilt.

35 Einen unleugbaren Vorteil hat diese Art der Dokumentation allerdings: Man kann sich Fotos und Filme
36 immer wieder ansehen und gemeinsam in Erinnerungen schwelgen, auch wenn die Kinder längst er-
37 wachsen sind.

---

1 Vgl. https://in-gl.de/2017/06/06/baby-statt-handy-cartoons-werben-fuer-sprich-mit-mir/ (08.05.2020)

⊃ Aufgabe 1 – Textverständnis

Diese Aufgabe prüft dein Textverständnis. Lies den Text daher genau und achte beim ersten Durchgang vor allem auf die inhaltliche Gliederung und die wesentlichen Aussagen. Bei der Bearbeitung der Arbeitsaufträge zeigst du, dass du Informationen auffinden, erfassen und gedanklich verknüpfen kannst. Letztlich solltest du dir ein Bild über den gesamten Textinhalt verschaffen. Meist lässt sich das anhand der Antworten auf eine Frage ermitteln, die du aus dem Titel ableitest.

In der folgenden Aufgabe bist du aufgefordert, Satzanfänge inhaltlich dem Text entsprechend zu ergänzen. Dabei soll sinngemäß, also in eigenen Worten formuliert werden.

Punkte für
diese Aufgabe

a) Setze folgende Sätze passend zum Textinhalt fort. Schreibe in eigenen Worten.   ③

1. Der Blickkontakt zum eigenen Kind ist wichtig für das Kommunikationsverhalten, da ...

_____

2. Vorlesen ist für ein Kind von wesentlicher Bedeutung, zumal ...

_____

3. Das Smartphone bietet für die Eltern Vorteile wie z. B. ...

_____

Diese Aufgabe stellt dich vor die Entscheidung für eine andere passende Überschrift für den Sachtext.

b) Kreuze eine passende Alternative für den Titel *Persönliche Bindung statt Bildschirm* an.   ①

Das Smartphone – Fremdkörper zwischen Eltern und Kind	○
Die digitale Nabelschnur Smartphone	○
„Sprich mit mir! Ich bin dein Kind."	○

Die nächste Aufgabe fordert von dir eine Beschreibung für einen Begriff aus dem Text.

c) Erkläre den folgenden Begriff in eigenen Worten.   ②
Belege diese Erklärung anhand eines Beispiels aus dem Text. Schreibe zwei korrekte Sätze.

Anschlusskommunikation: _____

_____

_____

_____

⊃ **Aufgabe 2 – Sprachgebrauch**

Dieser Aufgabenteil bezieht sich auf dein Rechtschreibwissen und -können sowie auf Grammatik. Der Operator weist dir den Weg. Markiere ihn evtl. oder notiere die Bedeutung daneben. Da diese Teilaufgaben in der Regel keinen direkten Zusammenhang haben, ist es zudem wichtig, das jeweilige orthografische oder grammatische Thema zu markieren.

Z. B.: Benenne in folgenden Sätzen die Kasus der unterstrichenen Wörter.

↗
Notiere/Schreibe auf

Singular: der Kasus
Plural: die Kasus (mit
langem „u" gesprochen)

Die erste Teilaufgabe prüft deine Kenntnisse in Bezug auf Kommasetzung.

a) Begründe die Kommasetzung in folgenden Beispielsätzen aus dem Text. ③

　1. Dabei nehmen bekanntlich schon Säuglinge vertraute Gesichter, die dazugehörigen Stimmen sowie die Stimmung ihrer Bezugsperson wahr.

　Begründung: _____

　2. Vor allem in den ersten Lebensmonaten ist es wichtig, dem Kind möglichst viel Aufmerksamkeit zu schenken und seine Handlungen zu kommentieren.

　Begründung: _____

　3. Kinder können sich Handlungen erstaunlich gut merken, wenn sie ihnen vertraut sind, und kommentieren Kürzungen oder Änderungen meist sofort mit: „Das stimmt so nicht!"

　Begründung: _____

In der folgenden Aufgabe sollst du zum Thema passende eigene Satzgefüge formulieren, die die genannten Nebensätze oder Wortgruppen enthalten. Setze die Kommata (oder Kommas) richtig.

b) Formuliere eigene Satzgefüge zum Thema des Textes mit der genannten Nebensatz- oder Wortgruppenart. Achte auf die Zeichensetzung. ②

　1. Hauptsatz mit Relativsatz

　_____

　_____

　_____

　2. Hauptsatz mit Infinitivgruppe

　_____

　_____

　_____

Ziel der folgenden Aufgabe ist es, deine Satzbaukenntnisse zu beweisen.
Entscheide dich auch für die richtigen Satzschlusszeichen.

c) Schreibe zwei Sätze auf, in denen du die folgenden Wörter/Satzbausteine grammatikalisch richtig verwendest. Formuliere unterschiedliche Satzanfänge. ②

> **Bausteine**
>
> gegenüber – ihr – müssen – Vorbildfunktion – stets – Eltern – ihre Kinder – gerecht werden

1. _____

_____

_____

2. _____

_____

_____

Feldermodell? Schaue nochmal im Grammatikteil ab S. 118 nach.

Im folgenden Aufgabentyp zeigst du, dass du mit dem Feldermodell umgehen kannst.

d) Trage in die Kopfzeile der Tabelle die Fachbegriffe für die möglichen Bestandteile des Feldermodells ein. Wähle danach einen deiner zwei Sätze aus c) aus und trage die Satzteile oder Wörter in die richtigen Felder ein. ②

Diese Aufgabe verlangt von dir, dass du den Modus des Verbs/der Verben richtig erkennst.

e) Notiere den Modus der unterstrichenen Verben. ①,5
Trage den jeweiligen Fachbegriff neben der jeweiligen Kennziffer ein.

So entsteht (1) bisweilen der Eindruck, dass die meisten Eltern entweder durch Chat-Verläufe abgelenkt seien (2) oder aber ihr Kind nur noch durch die Kamera-App mitverfolgen würden (3).

(1) _____

(2) _____

(3) _____

In dieser Aufgabe zeigst du, dass du die Kasus-Endungen richtig erfassen und schreiben kannst.

f) Schreibe die flektierbaren Wörter der Reihe nach mit den korrekten Kasus-Endungen (Lücken) auf die Schreiblinien. ②,5

Manche Eltern verkennen die Bedeutung kindlich____ wirkend____ Baby-Gespräche.

So fällt es ihnen schwer, sich beispielsweise mit einfach____ Silbenkombination____ wie Da-Da-Da

mit ihr____ Kind zu unterhalten.

_____

_____

Beim nächsten Arbeitsauftrag geht es um Synonym-Bildung.

g) Füge zu jedem Wort/jeder Wortgruppe in der zweiten Spalte einen ähnlichen oder gleichbedeutenden Begriff oder eine umschreibende Wortgruppe ein. Grammatikalisch muss diese Variante jedoch in den Satz passen. ②

Z. 2: *bisweilen*		Z. 18: *elementar*	
Z. 26: *zudem*		Z. 36: *in Erinnerungen schwelgen*	

Im folgenden Aufgabentyp wird dein Regelwissen in Orthografie geprüft.

h) Erkläre die Schreibweise der folgenden Wörter durch passende Regeln. ②

(Z. 11) zu unterhalten: _____

(Z. 12) zurechtzufinden: _____

Hier zeigst du dein Textverständnis und Sprachwissen.

i) Leite die Bedeutung des folgenden Begriffs aus seinen Wortbestandteilen her. Erkläre dann, was eine *unleugbare Tatsache* ist. ②

(Z. 35) unleugbar: _____

eine unleugbare Tatsache: _____

Material 2

Nachhaltiger leben – Bewege den Tag!

Julia Biedermann

1 Nachhaltigkeit ist ein großes Thema unserer Zeit. Das Ziel ist unter anderem, dass nur so viele Ressour-
2 cen verbraucht werden, wie sie die Erde auch aus eigener Kraft regenerieren kann. Die westliche Welt
3 mit ihrem Massenkonsum ist derzeit allerdings weit von einem zukunftsbewussten Lebensstil entfernt.
4 Das zeigen z. B. die erschreckenden jährlichen Daten des *Earth Overshoot Days*. So gab der WWF 2019
5 bekannt: „Dieses Jahr sind die Erdressourcen bereits am 29. Juli erschöpft."[1] Zur Erklärung: An diesem
6 Tag sind die Vorräte der Erde verbraucht, die innerhalb eines ganzen Jahres wiederhergestellt werden
7 könnten. Was daraus gelernt werden muss?

8 Nicht alles, was wir konsumieren, muss neu sein. Dieser Gedanke greift allmählich. Neben den klassi-
9 schen Secondhandläden gibt es immer mehr Initiativen, die auf alternative Konzepte setzen.
10 Zum einen sind Flohmärkte heutzutage häufig spezifisch auf ein Zielpublikum ausgerichtet, etwa nur
11 für Damenbekleidung oder Markenartikel. Dadurch ist das Angebot einheitlicher und die Besucher kön-
12 nen sich besser vorstellen, was sie erwartet.

13 Zum anderen entstehen neue Laden-Formate wie Leihläden. Diese basieren darauf, dass man Dinge
14 erst einmal ausprobieren möchte oder nur selten benötigt. So kann man etwa eine Gitarre ausleihen.
15 Nach der Feststellung, doch nicht zum Musiker geboren zu sein oder einfach keine Zeit dafür zu haben,
16 wird sie zurückgebracht, statt sie in der Ecke verstauben zu lassen. Die meisten Werkzeuge werden außer
17 von passionierten Hobbyhandwerkern ohnehin eher sporadisch eingesetzt. Die bedarfsorientierte Aus-
18 leihe spart Platz und Geld, denn um das Angebot nutzen zu können, wird lediglich eine selbst festgelegte
19 Jahresgebühr fällig, die der Finanzierung der Ladenmiete dient.
20 Auch Kleidertauschpartys, zu denen jeder etwas mitbringen und dafür etwas anderes mitnehmen
21 kann, erfreuen sich wachsender Beliebtheit. Was übrig bleibt, wird gespendet.

22 Es geht jedoch nicht nur darum, weniger Neues zu kaufen, sondern auch darum, was angeschafft und
23 wie damit umgegangen wird. Das gilt sowohl für den Alltag als auch für Ausnahmesituationen wie
24 Festivals, auf denen sich regelmäßig spätestens am Abreisetag der Müll zu Bergen türmt. Jeder Besucher
25 kann durch sein Verhalten dazu beitragen, diese zu verringern, und sei es nur durch das Sammeln des
26 eigenen Abfalls.
27 Eine ganz besondere Form des Protests hat der Nürnberger Alexandru Ciocea gestartet: Er häkelt
28 Taschen aus Festivalmüll, um darauf aufmerksam zu machen, wie viel die rund 70.000 Besucher von *Rock*
29 *im Park* liegenlassen. Auf YouTube dokumentiert er die Ausmaße der Verwüstung und hofft, wenigstens
30 einige wachzurütteln.

31 Tatsächlich findet bei vielen ein Umdenken statt und die Achtsamkeit wächst – auch bei den Veranstal-
32 tern. Firmen wie *Utopia Camping* vermieten vor Ort funktionstüchtige gebrauchte Zelte, die Festival-
33 besucher ausleihen können. Eine Kooperation mit Hilfsorganisationen wie HERMINE bietet sich ebenfalls
34 an. Übrige Zelte werden eingesammelt und an Menschen in Krisensituationen weitergegeben, nachdem
35 sie gereinigt und erforderlichenfalls geflickt wurden.
36 Upcycling – also die Aufbereitung von Abfallprodukten oder vermeintlich Nutzlosem in Neues – bietet
37 viele Chancen. Durch die geringen Materialkosten eignet sich die Methode besonders für soziale Projekte
38 wie den *Sheltersuit*. Der wind- und wasserfeste *Sheltersuit* wird aus Stoffresten und unverkäuflichen
39 Lagerbeständen genäht und besteht aus einer warmen Jacke mit Kapuze, die durch ein Unterteil in einen
40 Schlafsack umfunktioniert werden kann. Die Niederländer Bas Timmer und Alexander de Groot gründe-
41 ten das Startup-Unternehmen, um mit dem Schutzanzug Obdachlosen und Flüchtlingen zu helfen.

---

1   https://www.wwf.de/earth-overshoot-day/ (10.02.2020)

42 Ein gangbarer Weg auch für die Industrie? Ja! Es gibt inzwischen zahlreiche Firmen, die den modi-
43 schen und dekorativen Aspekt des Upcyclings für sich entdeckt haben und deren Produkte dadurch
44 nicht nur einzigartig, sondern auch ökologisch sind. Und was kann der Einzelne tun? Er kann die
45 WWF-Website besuchen, um sich umsetzbare Tipps zu holen, und er kann unter #movetheday
46 einen Beitrag posten, um sein Engagement zu zeigen.

➲ **Aufgabe 1 – Textverständnis**

Im Folgenden arbeitest du selbstständig. Markiere evtl. die wichtigen Informationen der jeweiligen Aufgabe.

a) Entscheide, ob die folgenden Aussagen dem Textinhalt entsprechen.
   Notiere jeweils ein *r* oder *f* hinter dem jeweiligen Satz.   (1,5)

   1. Der *Welterschöpfungstag* ist jedes Jahr früher – 2019 bereits am 29. Juni.   ◯

   2. In Leihläden kann man sich Artikel borgen, um herauszufinden, ob sie benötigt werden.   ◯

   3. *Sheltersuits* werden aus Überbleibseln von Festivals aufbereitet.   ◯

b) Z. 8: *„Nicht alles, was wir konsumieren, muss neu sein.“*
   Notiere drei Stichworte, die Alternativen zum Neukauf darstellen.   (1,5)

   1. _____

   2. _____

   3. _____

c) *„Bewege den Tag!“*
   Erkläre diese Formulierung mithilfe des Textes. Nimm dann Stellung zu dieser Aufforderung.   ③

   _____

   _____

   _____

➲ **Aufgabe 2 – Sprachgebrauch**

a) Notiere vier Anglizismen (Lehnwörter aus dem Englischen) und gib die Fundstelle an.   ②

   1. (Z.   ) _____

   2. (Z.   ) _____

   3. (Z.   ) _____

   4. (Z.   ) _____

b) Z. 34–35: *„Übrige Zelte werden eingesammelt und an Menschen in Krisensituationen weitergegeben,*
   nachdem sie gereinigt und erforderlichenfalls geflickt wurden.“

   Formuliere den Satz so um, dass er mit der Konjunktion *bevor* beginnt.   ②

   Bevor _____

   _____

   _____

c) Nenne zwei weitere temporale Konjunktionen. ①

1. _____ 2. _____

d) Bestimme die Tempusformen der folgenden Verben. ③

(Z. 27) hat gestartet: _____

(Z. 35) wurden geflickt: _____

(Z. 40–41) gründeten: _____

e) Erkläre die Rechtschreibung der unterstrichenen Stellen mithilfe der Strategien. ②

(Z. 3) bewusst: _____

(Z. 24) regelmäßig: _____

f) Der Plural von *Party* lautet *Partys*.
Finde ein weiteres Wort aus dem Englischen, dessen Plural ebenso gebildet wird. ①

_____

g) Ergänze in der folgenden Wortarten-Tabelle die entsprechenden Wörter der Wortfamilie. ④

Artikel und Nomen	Verb	Adjektiv/Adverb
		spezifisch
die Finanzierung		
die Kooperation		
	regenerieren	

h) Schreibe folgenden Satz im Passiv auf. ①

„So kann man etwa eine Gitarre ausleihen."

_____

i) Ersetze folgende bildhaften Ausdrucksweisen durch eigene Formulierungen in je einem Satz. ②

(Z. 8) „Dieser Gedanke greift allmählich." _____

_____

(Z. 15) „nicht zum Musiker geboren (zu) sein" _____

j) Ersetze Upcycling durch einen gleichbedeutenden Begriff.
Erkläre dieses Verfahren in einem Satz anhand eines Beispiels aus dem Text. ①

Upcycling: _____

_____

Material 3

Natürlich schön – schön, natürlich!

Julia Biedermann

1 In Deutschland erfreut sich Naturkosmetik seit Jahren wachsender Beliebtheit: Allein 2018 betrug
2 das Marktwachstum 5,9 Prozent, Tendenz steigend.[1] Vor allem jüngere Menschen legen vermehrt
3 Wert auf umweltfreundliche Produkte. Jugendlichen sind jedoch gleichzeitig Trends und aktuelle
4 Farben sehr wichtig wie auch die Verfügbarkeit in den klassischen Drogerien.

5 Viele Hersteller haben erkannt, dass die Ansprüche der Kunden an Naturprodukte in den letzten
6 Jahrzehnten gestiegen sind. Vor allem muss die Produktion in Sachen Aufmachung, Wirksamkeit
7 und Haltbarkeit mithalten können. Um die jüngere Zielgruppe effizient erreichen zu können, setzt
8 diese Branche verstärkt auf Influencer. Authentizität ist das Erfolgsrezept; sonst wirkt die Werbung
9 schnell unglaubwürdig und stößt auf Ablehnung.

10 Ein weiterer Aspekt beim Konsum von Kosmetika ist für viele junge Konsumenten das Tierwohl.
11 Zwar sind in der EU schon seit Jahren Produkte verboten, die an Tieren getestet wurden. Das schließt
12 jedoch nicht aus, dass einzelne Bestandteile zuvor Tierversuchsreihen durchlaufen haben, da die
13 EU-Richtlinie sich auf Inhaltsstoffe beschränkt, die erstens neu entwickelt wurden und zweitens
14 ausschließlich für die Kosmetikproduktion vorgesehen sind. Naturkosmetik verzichtet zwar auf Tier-
15 versuche. Dennoch ist sie nicht automatisch vegan, zumal tierische Bestandteile wie Bienenwachs
16 enthalten sein können.

17 Daneben spielen aber auch gesundheitliche Faktoren für Verbraucher eine Rolle.
18 Viele Bestandteile herkömmlicher Kosmetik sind eher schädlich als pflegend. Silikone verschließen
19 Haare und Poren, was zu einer Austrocknung und Ansammlung von Bakterien führt. Das Resultat
20 sind trockene Haare und schlechte Haut. Parabene dienen der Konservierung. Ihre Langzeitwirkung
21 ist noch nicht gänzlich erforscht, sie stehen aber aufgrund ihrer strukturellen Verwandtschaft zu
22 Hormonen unter dem Verdacht, potenziell gesundheitsgefährdend zu sein. Paraffine werden aus
23 Erdöl erzeugt und haben ähnliche Auswirkungen wie Silikone. Auch die Faltenbildung kann dadurch
24 gefördert werden. Ebenfalls auf Erdölbasis ist Polyethylenglykol, kurz PEG. Es wird unter anderem
25 verwendet, damit Reinigungsprodukte mehr schäumen – was eine bessere Wirkung suggerieren
26 soll, tatsächlich aber nur Show ist. Die Haut wird dadurch geschwächt und Allergien können verur-
27 sacht werden.

28 Naturkosmetik verzichtet auf derartige Stoffe, was jedoch auch Nachteile mit sich bringen kann. Die
29 Haltbarkeit kann eingeschränkt sein, da sich ohne Konservierungsstoffe schneller Keime ansiedeln
30 können. Das gilt insbesondere für Cremes in Tiegeln, die eine sorgfältige Handhygiene oder Benut-
31 zung von Spateln erfordern. Des Weiteren ist die Wirkungsdauer von Deodorants mit rein natür-
32 lichen Wirkstoffen beschränkt.[2] Viele Hersteller setzen daher auf eine Mischung natürlicher und
33 synthetischer Bestandteile, wodurch ihre Produkte nur noch als naturnah etikettiert werden können.

34 Allergiker sollten aber selbst bei Naturkosmetik vorsichtig sein. Obwohl natürliche Bestandteile
35 häufig als verträglicher gelten, muss das nicht zwangsläufig der Fall sein. Sie können durchaus eben-
36 so allergieauslösend sein.

37 Bewusster und achtsamer Gebrauch von Kosmetika ist daher wichtig. Zudem gab Coco Chanel zu
38 bedenken, dass Schönheit erst dann beginne, wenn „du beschließt, du selbst zu sein".[3]

---

1   Vgl. https://www.sueddeutsche.de/muenchen/naturkosmetik-trend-gruenderin-1.4455174 (30.01.20).
2   Vgl. https://www.spiegel.de/gutscheine/magazin/naturkosmetik-hersteller (30.01.20.).
3   Vgl. https://www.gofeminin.de/make-up/wahre-schonheit-zitate-s1808877.html (13.02.20)

⊃ Aufgabe 1 – Textverständnis

a) Nenne drei Faktoren, die Jugendlichen beim Kauf von Kosmetika immer wichtiger werden. Gib die jeweilige Zeile an. (1,5)

1. (Z.   ) _____

2. (Z.   ) _____

3. (Z.   ) _____

b) Was bedeutet es, wenn ein Kosmetikum als naturnah (Z. 33) bezeichnet wird? Erkläre den Begriff in einem Satz. (1)

_____

_____

c) Beschreibe das Wortspiel im Titel des Textes. Beachte Betonung und Zeichensetzung. (2)

Natürlich schön – schön, natürlich!

_____

_____

_____

d) Was meinte die Modeschöpferin Coco Chanel mit *„du selbst* [zu] *sein"*? Erläutere in zwei Sätzen, indem du das Thema des Textes einbeziehst. (2)

_____

_____

_____

⊃ Aufgabe 2 – Sprachgebrauch

a) Entwickle auf einem separaten Blatt eine Mindmap, in der du zunächst entscheidest, welches Ober- und welches Unterbegriffe sind. Ordne diesen Oberbegriffen die passenden Unterbegriffe grafisch zu. (5,5)

Bausteine

Inhaltsstoffe – Parabene – PEG – Silikone – Paraffine – Gefährdungen – Verzicht auf Konservierungsstoffe – geringe Haltbarkeit – Naturkosmetik – herkömmliche Kosmetik – keine Tierversuche

b) Erkläre an einem Beispiel aus deinem Erfahrungsbereich, was ein/e Influencer/in (Z. 8) ist. (2)

Influencer/in: _____

_____

_____

c) Kreuze jeweils den Begriff an, der ein Antonym zum angegebenen Wort (erste Spalte) ist. ②

Authentizität	Natürlichkeit	Ehrlichkeit	Unechtheit
potenziell	wirkungsvoll	unmöglich	denkbar
umweltfreundlich	unökologisch	naturnah	ökonomisch
synthetisch	künstlich	schön	natürlich

d) Nenne jeweils den Kasus der unterstrichenen Wörter/Wortgruppen. ③

Z. 1: […] *erfreut sich* […] *wachsender Beliebtheit*

Kasus: _____

Z. 3–4: *Jugendlichen sind jedoch* […] *wichtig* […]

Kasus: _____

Z. 7–8: […] *setzt diese Branche verstärkt auf Influencer.*

Kasus: _____

e) Nenne zwei Konjunktionen, die du im nachfolgenden Satz für *zumal* einsetzen kannst. ①

„Naturkosmetik verzichtet zwar auf Tierversuche, ist jedoch nicht automatisch vegan,
zumal tierische Bestandteile wie Bienenwachs enthalten sein können."

Ersatz-Konjunktionen: _____ oder _____

f) Bestimme jeweils die Art der Attribute. ③

die jüngere Zielgruppe – Art des Attributs: _____

ein weiterer Aspekt – Art des Attributs: _____

(Deodorants) mit rein natürlichen Wirkstoffen – Art des Attributs: _____

g) Verändere den Beispiel-Satz so, dass aus dem Relativsatz eine Nominalgruppe entsteht. ②

„Zwar sind in der EU schon seit Jahren Produkte verboten, die an Tieren getestet wurden."

Zwar sind in der EU schon seit Jahren _____ *Produkte verboten.*

Notiere hier die Aufgaben,
die du nochmals üben solltest:

Texte lesen und verstehen	Aufgaben zum Text bearbeiten	Wortbedeutungen Synonyme/Antonyme	Grammatik	Rechtschreibung
Aufgaben S.	Aufgaben S.	Aufgaben S.	Aufgaben S.	Aufgaben S.

Übungen zum Wahlteil – Prüfungsteil B
Teil I: Dialektische Erörterung zu Sachtexten und Zusatzmaterialien

Vorbemerkungen

Im Folgenden erfährst du, was eine dialektische Erörterung ist, wie eine Erörterungsaufgabe bearbeitet werden kann und was dabei zu beachten ist.

Zum Inhalt des Materials: Es bezieht sich jeweils auf die im Pflichtteil aufgeführten Themen. Das bedeutet, dass du auch in deiner Prüfung im Aufgabenteil A1 einen Sachtext zur Erschließung und im Aufgabenteil B zum selben Themenbereich eine Aufgabe zur dialektischen Erörterung bekommst. So bist du bereits auf das Thema eingestellt.

Na dann, los geht's ... .

Thema 1: Schönheit
Vorwissen zum Sachthema aktivieren

Bearbeite eine der folgenden Aufgaben. Vergleicht anschließend eure Antworten.

⮑ **Wahlaufgabe 1**
Vervollständige die folgenden Sätze.

a) Glück verbinde ich mit ...

b) Ich bin zufrieden, wenn ...

c) Als schön empfinde ich ...

d) Schönheit heißt für mich ...

⮑ **Wahlaufgabe 2**
Finde zu den drei Oberbegriffen Glück, Zufriedenheit und Schönheit passende Schlagworte, die du damit in Verbindung bringst. Schreibe sie senkrecht zum jeweiligen Oberbegriff.

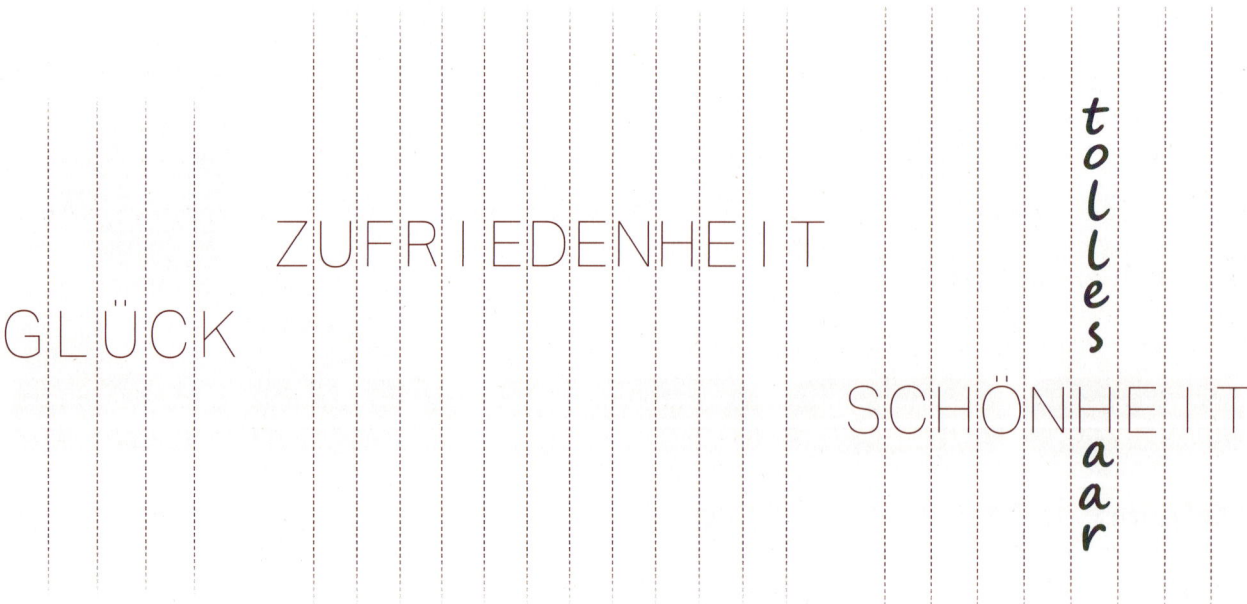

⊃ **Aufgabe 3**

Lies das Zitat aufmerksam durch.

„Man hat gesagt, dass die Schönheit ein Versprechen von Glück ist. Umgekehrt kann auch die Möglichkeit der Freude der Beginn von Schönheit sein."
Marcel Proust

a) Fülle die Gedankenblase mit spontanen Gedanken oder Fragen zu diesem Zitat.

b) Notiere mögliche Aussagen dieses Zitats in eigenen Worten.

_____

_____

_____

_____

_____

_____

c) Stimmst du der Aussage des Zitats zu?
   Begründe deine Meinung und nenne ein Beispiel, mit dem du deine Begründung verdeutlichen kannst.
   Vergleicht eure Meinungen in der Klasse.

_____

_____

_____

_____

⊃ **Aufgabe 4**

Die Themenfrage dieses Teilkapitels lautet:

Ist Schönheit eine Voraussetzung für innere Zufriedenheit und Glück?

a) Überlege, welchen Standpunkt du zu dieser Frage einnimmst und warum.

b) Bereite einen Kurzvortrag vor, in welchem du deinen Mitschülern deinen Standpunkt deutlich machst und sie möglichst von deiner Meinung überzeugst.

c) Besprecht im Anschluss gemeinsam, welche Kurzvorträge am meisten überzeugten.
   Nennt Merkmale für diese Überzeugungskraft.

⮎ **Aufgabe 5**

Um jemanden von einem Standpunkt zu überzeugen, verwendet man Argumente.

Hier kannst du zwei Beispiele für die Ausformulierung eines Arguments sehen.

Argument 1

Oberflächliche Schönheitsideale, wie sie täglich durch Social Media vorgelebt werden, sollten keine Richtschnur für die eigene Haltung sein, da Influencer den Fokus meist nur auf Äußerlichkeiten legen. Innere Werte und eine positive Ausstrahlung geraten damit in den Hintergrund. Es wird das Bild vermittelt, nur attraktive Menschen seien erfolgreich, und um glücklich und zufrieden zu sein, müsse man diesen Schönheitsidealen entsprechen.

Germany's next Topmodel-Kandidatin Sarina Nowak antwortet auf die Frage, ob das Model, das in die Kamera strahlt, automatisch auch glücklich sei, beispielsweise ganz klar mit einem „Nein". In Zeiten, in denen sie für ihren Job als Model streng auf ihre Ernährung achten musste, war sie dennoch schüchtern und nie mit sich selbst zufrieden. (vgl. S. 21, Z. 12–14)

Argument 2

Mediale Schönheitsideale wie sie täglich durch Social Media vorgelebt werden, sollten keine Richtschnur für die eigene Haltung sein. Es bringt nichts, wenn man nur nach dem Äußeren schaut. Man kann doch sowieso nie so aussehen wie die Models in den Medien. Ist doch klar, dass es nur Enttäuschungen und schlechte Laune bringt, diesen Schönheitsidealen nachzueifern, oder? Eigentlich weiß doch jeder, dass man sowieso nie so aussehen wird, also kann man das auch gleich lassen.

a) Vergleiche die beiden Argumente miteinander. Kreuze an, welches dich mehr überzeugt und notiere, warum.

_____

_____

_____

b) Betrachte den folgenden Tippkasten zum Thema *Argumente* genau.
   Überprüfe dann anhand deines in a) gewählten Zitats, welchen Teil du an welcher Stelle wiederfindest.

Argumente aufbauen

Argumente sollten überzeugend, nachvollziehbar und sachlich sein. Dies wird durch einen strukturierten und vollständigen Aufbau in drei Schritten erreicht.

Argument zu Thema 1:

Behauptung: Durch soziale Medien rückt das Thema Schönheit mehr denn je in den Vordergrund. (Hier wird keine weitere Erläuterung benötigt.)

Begründung: Da uns täglich perfekt geformte Traumkörper und ebenmäßige Hautbilder von Medienvorbildern vorgelebt werden, entsteht für manche eine Art Zwang, davon Notiz zu nehmen.

Beispiel (Veranschaulichung durch eine eigene Erfahrung): Keiner der Influencer, denen ich folge, zeigt sich jemals ungeschminkt oder lädt ein unbearbeitetes Bild ohne Filter hoch. Jeder von ihnen ist darauf bedacht, ein möglichst perfektes Ich in die Welt zu tragen. (Das Fazit ist hier nicht ausformuliert, du kannst es aber bei Bedarf einsetzen, um dein Argument noch überzeugender zu machen.)

Begriff dialektische Erörterung

Bei einer **dialektischen Erörterung** setzt du dich mit dem Für und Wider zu einem bestimmten Thema auseinander. Erörtern bedeutet also so viel wie: sich mit etwas auseinanderzusetzen, etwas darzustellen, aus verschiedenen Blickrichtungen zu beleuchten, zu erläutern, zu hinterfragen oder zu diskutieren. Grundlegend für eine Erörterung ist, dass du dir selbst eine Meinung zum Sachverhalt bildest, deinen Standpunkt begründet vertreten kannst und eventuelle Gegenpositionen argumentativ widerlegst.

In deiner Abschlussprüfung wird eine **dialektische Erörterung** von dir verlangt. Das bedeutet, du stellst auf Grundlage verschiedener Materialien immer beide Sichtweisen eines strittigen Themas dar: Du setzt dich also mit verschiedenen **Pro-Argumenten** (Gesichtspunkte, die für etwas sprechen) und **Kontra-Argumenten** (Gesichtspunkte, die gegen etwas sprechen) gleichermaßen auseinander. Dabei nimmst du klar Bezug auf den Sachtext und weitere vorgegebene Materialien.

Material 1

Als Grundlage für die Erörterungsaufgabe dient dir Material in Form eines Textes, Diagramms oder auch einer Karikatur. Du musst also zunächst das Material sorgfältig erschließen.

Heißt schön zu sein auch glücklich zu sein?

Julia Biedermann

1 In unserer Gesellschaft werden attraktive Menschen automatisch als glücklicher und erfolgreicher
2 wahrgenommen. Durch die sozialen Medien und perfekt inszenierte Fotos rückt das Thema
3 Schönheit mehr denn je in den Vordergrund. Unzählige Instagram-Profile leben vor, wie man aus-
4 sehen könnte und sollte. Vermeintlich unverzichtbare Stylingprodukte werden vorgeführt und ange-
5 priesen, oftmals gesponsert von den Herstellern, die Influencer längst als kundennahe Werbebot-
6 schafter entdeckt haben.
7 Das Bestreben, unrealistischen und unerreichbaren Schönheitsidealen nachzueifern, kann innerlich
8 kaputt und unglücklich machen. Das gilt auch für jene, die von anderen für ihr Aussehen bewundert
9 werden und als Vorbilder gelten.
10 Es stellt sich die Frage: Ist das Model automatisch glücklich, das in Kameras lächelt, in Wahrheit aber
11 hungern muss, um so auszusehen und damit Geld zu verdienen?
12 Für die ehemalige *Germany's next Topmodel*-Kandidatin Sarina Nowak lautete die Antwort ganz klar
13 „Nein". Um ihre schlanke Silhouette zu behalten, musste sie streng auf ihre Ernährung achten und
14 täglich trainieren. Trotzdem war sie schüchtern und nie mit sich und ihrer Figur zufrieden. Heute ar-
15 beitet sie als erfolgreiches Curvy Model in den USA und hat den Druck, immer noch mehr abnehmen
16 zu müssen, hinter sich gelassen.[1]
17 Schönheit liegt immer im Auge des Betrachters. Dennoch ist die Meinung anderer über das eigene
18 Aussehen für viele entscheidend. Wird man als schön empfunden, wird man eher akzeptiert und vor
19 allem Jugendliche streben nach Anerkennung und einem Gefühl der Zugehörigkeit. Dabei sollte vor
20 allem der eigene Charakter nie in den Hintergrund gedrängt werden, um vermeintlich beliebter zu
21 werden. Schließlich macht er einen Menschen aus und nicht die Nachahmung anderer.
22 Natürlich freut sich jeder über Komplimente oder viele Likes zu einem Foto von sich. Das Wichtigste
23 ist jedoch, mit sich selbst zufrieden zu sein.
24 Dabei kommt es nicht auf Details an, sondern die gesamte Ausstrahlung. Wenn man vermeintliche
25 Makel mit Stolz trägt, sind sie keine mehr. Manches kann man nicht ändern oder möchte es auch
26 gar nicht – anderes schon. So kann es durchaus Glückgefühle auslösen, ein selbst gesetztes Ziel zu
27 erreichen, zum Beispiel häufiger ins Fitnessstudio zu gehen oder abzunehmen.
28 Sich schön zu fühlen, bedeutet auch Selbstbewusstsein. Es sind jedoch nicht nur Äußerlichkeiten,
29 die über das Glücklichsein entscheiden, sondern vor allem die Lebenssituation und die innere Ein-
30 stellung.

---

1 Vgl. https://www.nordbuzz.de/people/sarina-nowak-sieht-kandidatin-heidi-klum-gntm-heute-nicht-mehr-zr-10919161.html (11.02.2020).

Grundlagen für die Erörterung

Eine mögliche Aufgabenstellung zu diesem Text könnte folgendermaßen aussehen:

> **Verfassen Sie eine dialektische Erörterung zum Thema „*Ist Schönheit eine Voraussetzung für innere Zufriedenheit und Glück?*".**
>
> Beziehen Sie den vorliegenden Text in Ihre Argumentation mit ein.
>
> Nehmen Sie Stellung und veranschaulichen Sie diese anhand überzeugender Begründungen.
>
> Ein Umfang von ca. 500 Wörtern wird empfohlen.

Das Thema wird meist als Entscheidungsfrage formuliert. Diese lässt bestätigende wie auch ablehnende Sichtweisen zu. Die Themenfrage findet sich in deiner Erörterung in der Einleitung wieder und ist grundlegend für deinen gesamten Aufsatz. Aber nun alles schön der Reihe nach ...

In deiner Vorbereitung „durchkämmst" du zunächst die Materialien nach grundlegenden Informationen und Antworten auf die Themenfrage. Hierbei hilft der *Lesekamm*.

➲ **Aufgabe 6**

Bearbeite den Sachtext M1 mit dem nebenstehenden *Lesekamm*. Gehe dabei Schritt für Schritt durch. Ziel ist es, die wichtigen Inhalte des Textes zu erkennen und zu erschließen, Interessantes für die Einleitung und Antworten auf die Themenfrage zu finden. Wenn es Begriffe gibt, die dir neu oder unverständlich sind, schlage ihre Bedeutung im Wörterbuch nach.

Arbeite beim Markieren der Argumente (Schritt 4) mit Farben: *grün* für Pro und *rot* für Kontra.

> **❗** In deinem vollständigen Erörterungsaufsatz steht die These nicht vor jedem neuen Argument, sondern du wählst einmal zu Beginn eine Pro-These und einmal eine Kontra-These. Dieser ordnest du deine vollständigen Argumente jeweils unter. Alle Argumente beziehen sich jedoch auf diese anfänglich aufgestellte These. Du musst sie also immer gut im Hinterkopf behalten. Am Ende deines Aufsatzes ziehst du eine *Schlussfolgerung*. Hier greifst du die These wieder auf, nimmst Bezug zum vorliegenden Material und bewertest sie unter Berücksichtigung deiner Argumente. Du kommst also am Ende zu einem Ergebnis: Entweder sprichst du dich für die Pro- oder für die Kontra-These aus oder du erwägst einen Kompromiss.

➲ **Aufgabe 7**

a) Entscheide, ob folgende Behauptungen im Text erwähnt werden. Markiere diese *gelb*. Kreuze dann an, ob sie für oder gegen die Themenfrage sprechen.

☞ Überlege dabei: ... *spricht dafür* bzw. *spricht nicht dafür,* dass Schönheit eine Voraussetzung für innere Zufriedenheit und Glück ist, weil ...

	Pro	Kontra
1. Attraktive Menschen werden in unserer Gesellschaft als erfolgreicher wahrgenommen.		
2. Jugendliche streben nach Anerkennung und einem Gefühl der Zugehörigkeit.		
3. Man macht sich zu viele Gedanken darüber, ob andere einen schön finden.		
4. Sich schön zu fühlen, bedeutet Selbstbewusstsein.		
5. Das Bestreben, unrealistischen und unerreichbaren Schönheitsidealen nachzueifern, kann unglücklich machen.		
6. Wahre Schönheit kommt von innen.		
7. Schönheit liegt im Auge des Betrachters.		
8. Schönheitsideale wandeln sich mit der Zeit.		
9. Schönheit ist eine Geschmacksfrage.		

b) Wähle aus der Tabelle eine Behauptung aus, zu der dir spontan einiges einfällt. Es kann auch eine Behauptung sein, die nicht im Text vorkommt. Formuliere dazu ein vollständiges Argument mit dem Aufbau *Behauptung – Begründung – Beispiel/Beleg*.

_____

_____

_____

_____

_____

_____

Unterschiedliche Arten, ein Argument zu beweisen

Damit dein Argument möglichst überzeugend und vor allem anschaulich wirkt, ist es wichtig, dass du es mit Beispielen oder Belegen stützt, dein Argument sozusagen beweist.

Hierfür bieten sich unterschiedliche Arten an:
- Ergebnisse von Umfragen oder Studien nennen/ statistische Angaben
- Zitate
- Gesetze
- bereits nachgewiesene Tatsachen einbringen
- anerkannte Normen
- ein überzeugendes Beispiel aus dem eigenen Alltag/eigene Erfahrungen einbringen
- Erfahrungen anderer Personen anführen

☞ Du solltest sachlich bleiben und Ich-Sätze im Hauptteil nach Möglichkeit vermeiden.

c) Formuliere mit Hilfe der vorgegebenen Stichworte eine Behauptung zu einem vollständigen Argument aus. Vergleicht anschließend eure Argumente in der Klasse.

Behauptung: *Wenn man vermeintliche Makel mit Stolz trägt, sind sie keine mehr.*

Stichworte für eine Begründung:
nicht verstecken, besonderen Wert beimessen, Alleinstellungsmerkmal, Eye-Catcher, bewusst zur Schau stellen, gutes Gefühl, erzählt eine Geschichte

Stichworte für Beispiele/Belege:
Narben eines kleinen Mädchens auf dem Brustkorb, Herz-OP, lebt Kaiserschnittnarbe einer jungen Mutter, Leben geschenkt Grübchen in den Wangen, geerbt

_____

_____

_____

_____

_____

_____

Richtig und abwechslungsreich zitieren

Um deine Behauptungen zu belegen und deinen Aufsatz abwechslungsreich und überzeugend zu gestalten, sollst du auch auf die Meinung anderer aus den vorgegebenen Materialien zurückgreifen und diese als Zitate in deinen eigenen Text einbauen.

In der **Einleitung** gibst du an, auf welches Material du Bezug nimmst. Hierfür nennst du die Textsorte, den Autor, den Titel und das Thema des Textes.

> In dem Sachtext „Heißt schön zu sein auch glücklich zu sein?" von Julia Biedermann geht es um ...

Folgende Regeln solltest du beachten:

Direktes (wörtliches) Zitieren:
Wörtlich übernommene Einzelwörter, Satzteile oder Sätze müssen in Anführungszeichen gesetzt und mit Zeilenangaben in runden Klammern versehen werden.

> Julia Biedermann schreibt in diesem Zusammenhang: _„In unserer Gesellschaft werden attraktive Menschen automatisch als glücklicher und erfolgreicher wahrgenommen."_
> (Z. 1 f.)

Möchtest du etwas in einem wörtlichen Zitat verändern, muss in einer eckigen Klammer ersichtlich sein, was weggelassen, eingefügt oder verändert wurde.

> Im Text heißt es, dass „[d]_as Bestreben, unrealistischen [...] Schönheitsidealen nachzueifern, [...] innerlich kaputt [...] machen_ [kann]."
> (Z. 7 f.)

Indirektes (sinngemäßes) Zitieren:
Wenn du etwas aus dem Originaltext in eigenen Worten wiedergibst, brauchst du keine Anführungszeichen zu setzen. Du machst jedoch nach deinem Satz oder Absatz durch vgl. _(= vergleiche)_ und die Zeilenangabe deutlich, woher du diese Gedanken hast.

> In diesem Text beschreibt Julia Biedermann, welche positiven Auswirkungen es haben kann, selbst gesetzte Ziele zu erreichen. (vgl. Z. 26 f.)

f. bedeutet, dass das Zitat erst in der **folgenden** Zeile endet.

⮞ **Aufgabe 8**

a) Im folgenden Satz wurden Begriffe wörtlich aus Material 1 übernommen. Ergänze die richtige Zeichensetzung bei Zitaten und die Zeilenangabe.

Gilt man bei anderen als schön, erfährt man größere Akzeptanz, was wiederum das Streben der

Jugendlichen nach Anerkennung und einem Gefühl der Zugehörigkeit befriedigt. _____

b) Forme das folgende wörtliche Zitat aus Material 1 in ein sinngemäßes Zitat um. Du gibst also in eigenen Worten denselben Inhalt wieder. Ergänze auch die korrekte Zeilenangabe.

Julia Biedermann schreibt in diesem Zusammenhang: „In unserer Gesellschaft werden attraktive Menschen

automatisch als glücklicher und erfolgreicher wahrgenommen.“

_____

_____

_____

⮞ **Aufgabe 9**

Gehe nun zu Aufgabe 6 zurück. Überprüfe mit deinem jetzigen Hintergrundwissen noch einmal die von dir im Sachtext M1 markierten Pro- und Kontra-Argumente.
Ergänze je ein eigenes Pro- und ein eigenes Kontra-Argument. Achte auf Vollständigkeit.

Pro-Argument:

_____

_____

_____

_____

Kontra-Argument:

_____

_____

_____

_____

_____

Thema 2: Familienkommunikation

Vorwissen zum Sachthema aktivieren

⮕ **Aufgabe 1**

a) Zähle möglichst viele digitale Geräte auf. Denke dabei vor allem an Freizeit und Familienleben.

_____

_____

b) Stelle dir nun ein Gerät in seiner Nutzung vor und erarbeite ein Cluster mit Chancen (= Vorteilen) und ein Cluster mit Risiken (= Nachteilen). Mancher Vorteil kann aber auch ein Nachteil sein und umgekehrt. Wie kannst du das erklären?

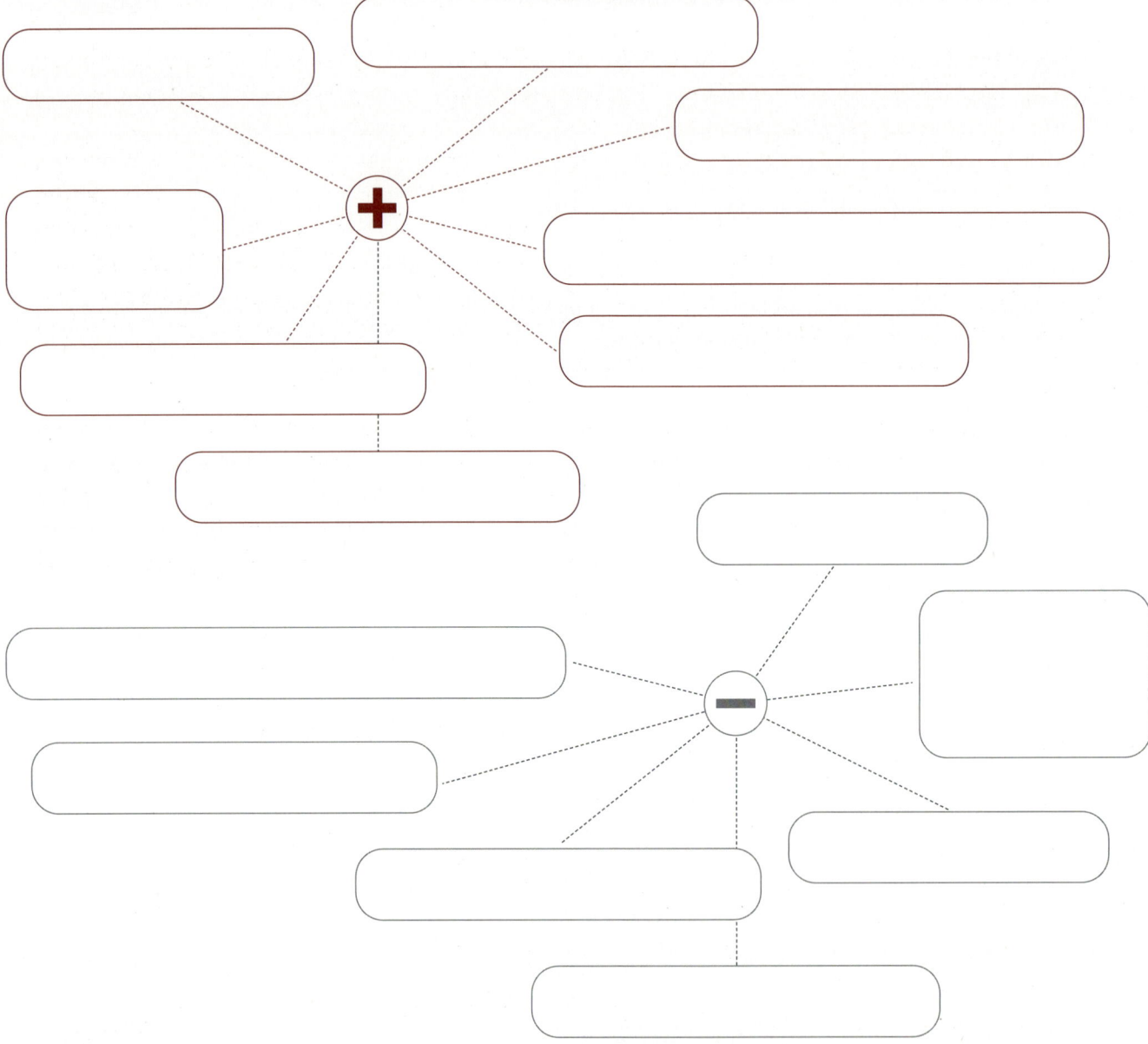

Digitales bestimmt unseren Alltag zunehmend. Man nennt den Prozess, in dem wir uns gerade befinden, _Digitalisierung._ Und wie so oft bringen gesellschaftliche Entwicklungen Vor- und Nachteile mit sich. Wichtig ist, zu überlegen, wie ein Medium genutzt wird, denn letztendlich bestimmt der Nutzer darüber, ob es sinnvoll und klug eingesetzt wird – oder eben nicht. Mit dieser Thematik beschäftigt sich das folgende Material.

Material 2

Das Smartphone als Familienmitglied?

Julia Biedermann

1   Wurde früher noch das Fernsehen verteufelt, so wäre heute in vielen deutschen Haushalten schon
2   der gemeinsame Seriengenuss ohne Smartphone ein Fortschritt – für einen ganzen Film reicht die
3   Aufmerksamkeitsspanne oft nicht mehr.
4   Im Jahr 2019 gaben bei einer Umfrage 49 Prozent der 30- bis 49-Jährigen an, sich während des
5   Fernsehens regelmäßig parallel mit ihrem Smartphone zu beschäftigen, bei den 18- bis 29-Jähri-
6   gen waren es sogar 57 Prozent.[1]
7   Das Smartphone steht oft als Kommunikationspartner in direkter Konkurrenz zu real Anwesenden.
8   Es werden keine wichtigen Themen mehr ausgehandelt und diskutiert, wodurch die Konflikt-
9   bearbeitung auf der Strecke bleibt.

10   Vor allem Jugendlichen wird unterstellt, förmlich mit dem Gerät in ihrer Hand verschmolzen zu
11   sein. Ganze 95 Prozent der 12- bis 13-Jährigen besaßen 2019 schon ein eigenes Smartphone, bei den
12   10-bis 11-Jährigen waren es noch 75 Prozent.[2]
13   Viele Eltern argumentieren, dass ihr Kind so telefonisch erreichbar sei und sich jederzeit melden
14   könne, wenn es Hilfe braucht. Ein voll funktionsfähiges Smartphone sollte jedoch erst ab 12 Jahren
15   genutzt werden, da ansonsten die Risiken eines leichtfertigen Umgangs mit persönlichen Daten
16   oder die Bedrohung durch Dritte im Netz noch nicht eingeschätzt werden können. Gleichzeitig soll-
17   te es jedoch nicht zur permanenten Überwachung der eigenen Kinder eingesetzt werden. Zudem
18   ist es ratsam, die Nutzung zeitlich zu beschränken, auch wenn raffinierte Jugendliche inzwischen
19   viele Tricks kennen, um trotzdem online zu sein.

20   Je nach Notwendigkeit können klare und realistische Regeln vereinbart werden, wie etwa ein
21   Handyverzicht bei gemeinsamen Mahlzeiten. Auch „digitales Kommunikationsfasten" wäre eine
22   Idee – quasi wie Veggie-Tage. Auf jeden Fall ist es wichtig, Kindern einen vernünftigen Umgang mit
23   neuen Medien vorzuleben und sie gleichzeitig nicht zwanghaft davon fernzuhalten, damit sie den
24   Anschluss an Gleichaltrige nicht verlieren. Denn auch aus der Berufswelt ist digitale Kompetenz
25   kaum mehr wegzudenken.
26   Die moderne Kommunikationstechnik ist ein prägender Bestandteil des Lebens geworden und
27   kann auch und vor allem miteinander verbinden. Durch Nachrichten, Fotos und Videos können
28   auch weiter entfernt lebende Familienmitglieder an besonderen Momenten teilhaben. Familien-
29   gespräche können zudem durch das Smartphone durchaus bereichert werden, wenn es zur
30   Recherche genutzt wird: „Was war nochmal ein Smombie?"

Schreibvorbereitung

➲ **Aufgabe 2**
Bearbeite den Sachtext M2 mit Hilfe des Lesekamms (s. S. 22).
Eine mögliche Aufgabenstellung zu diesem Text könnte lauten:

> **Verfassen Sie eine dialektische Erörterung zum Thema *„Welche Chancen und Risiken bringen digitale Geräte im Familienleben mit sich?"*.**
> Veranschaulichen Sie Ihre Argumente anhand überzeugender Begründungen. Beziehen Sie dabei den vorliegenden Text in Ihre Argumentation mit ein. Nehmen Sie abschließend Stellung.
> Ein Umfang von ca. 500 Wörtern wird empfohlen.

---

1   Vgl. https://www.telefonica.de/news-telefonica-deutschland/blogartikel/news/6361/exklusive-studie-zur-smartphone-
    nutzung-das-smartphone-wird-zum-mittelpunkt-des-persoenlichen-entertainments.html (11.02.2020).
2   Vgl. https://www.bitkom.org/sites/default/files/2019-05/bitkom_pk-charts_kinder_und_jugendliche_2019.pdf (11.02.2020).

⊃ **Aufgabe 3**

a) Vervollständige folgende Tabelle mit Stichworten zu Argumenten aus dem Text.
Ergänze jeweils ein weiteres eigenes Argument.

Pro-These: Es gibt viele Chancen digitaler Geräte im Familienleben.	Kontra-These: Es gibt viele Risiken digitaler Geräte im Familienleben
1. problemlose Kommunikation mit entfernt lebenden Verwandten	1. Familienleben im Hintergrund
2.	2.
3.	3.
4.	4.
5.	5.

Aufbau einer dialektischen Erörterung: Das Sanduhrprinzip

Bei einer dialektischen Erörterung betrachtest du immer zwei sich widersprechende Seiten eines Themas. Diese kannst du einander nach dem *Sanduhrprinzip* geordnet gegenüberstellen. Den typischen Aufbau einer dialektischen Erörterung kannst du folgendem Schaubild entnehmen.

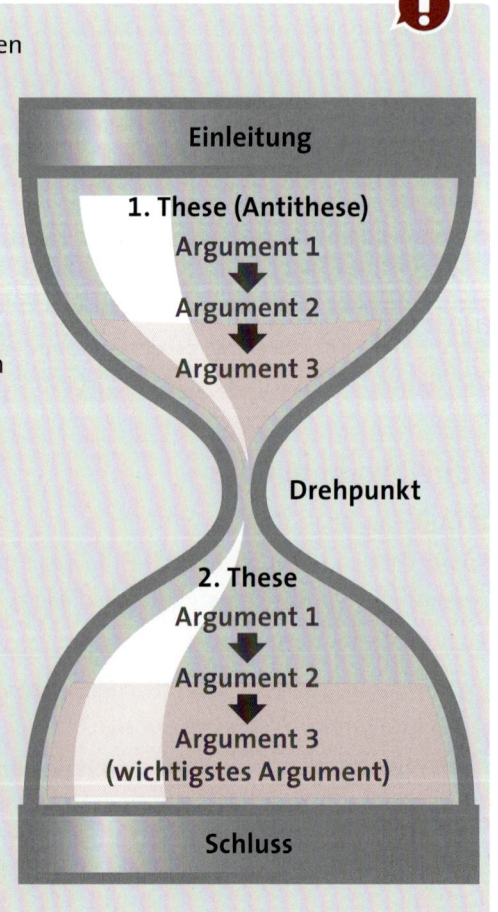

EINLEITUNG: Hinführung des Lesers zum Thema, Interesse wecken (z. B. aktuellen Bezug zum Thema herstellen, anschauliches Beispiel wählen, Informationen geben), Hinweis auf Problematik, Bezug zum vorliegenden Material (Text, Grafik usw.), Themenfrage, Überleitung zur Argumentation

HAUPTTEIL: Erörterung der Themenfrage anhand zweier argumentativ belegter Thesen

1. These (= Antithese, die meinem eigenen Standpunkt **nicht entspricht**): drei bis vier vollständige Argumente vom wichtigsten (überzeugendsten) zum unwichtigsten (am wenigsten überzeugenden) Argument geordnet

Überleitung/Drehpunkt: *Auf der anderen Seite ...*

2. These (die meinem eigenen Standpunkt **entspricht**): drei bis vier vollständige Argumente vom unwichtigsten (schwächsten) zum wichtigsten (stärksten) Argument geordnet
So steht also das in deinen Augen überzeugendste Argument ganz am Ende.

SCHLUSS: Zusammenfassung, Darlegung der eigenen Position, Folgerung, Abrundung, begründetes Ergebnis
Entscheidung für eine der beiden Thesen oder für einen Kompromiss (Synthese), eigenen Standpunkt zum Thema darstellen, Bezug zu (evtl.) strittigen Aussagen in den Materialien, Beantwortung der Themenfrage, Ausblick

Einleitung

1. These (Antithese)
Argument 1
Argument 2
Argument 3

Drehpunkt

2. These
Argument 1
Argument 2
Argument 3
(wichtigstes Argument)

Schluss

⊃ Aufgabe 4

a) Betrachte das Schaubild auf S. 28 und lies die Inhalte.

b) Erklärt euch anschließend im Tandem das Sanduhrprinzip. Geht dabei auf folgende Schlagworte aus der Tabelle ein und haltet eure Ergebnisse in Stichpunkten in der rechten Spalte fest.

Schlagworte	Unsere Ergebnisse
Ziel der Einleitung	
Bezug zu den vorgegebenen Materialien	
Wichtigster Bestandteil der Einleitung	
Anordnung der beiden Thesen	
Anordnung der Argumente der ersten Thesen	
Anordnung der Argumente der zweiten These	
Möglichkeiten, den Schluss zu gestalten	

c) Ordne deine Stichworte für Argumente aus Aufgabe 3 nach dem Sanduhrprinzip.
Lege deine Position fest: pro oder kontra?

d) Vergleiche deine Reihenfolge mit einem Partner. Was fällt dir auf?

Beispiel einer dialektischen Erörterung untersuchen

Im Folgenden findest du eine vollständige dialektische Erörterung zur Themenfrage *„Ist Schönheit eine Voraussetzung für innere Zufriedenheit und Glück?"*. Untersuche sie genau, so kannst du sehen, wie die einzelnen Bausteine ausgearbeitet werden können.

⊃ Aufgabe 5

a) Lies die Erörterung auf den Seiten 30–31 aufmerksam durch.

b) Ordne die Stichworte aus dem Kasten an die entsprechenden Stellen in der Randspalte.
Markiere zusätzlich im Text (durch unterstreichen, Klammern oder farbig hinterlegen), wo du den jeweiligen Baustein wiederfindest.

Stichworte

Überleitung zu These 1 – erstes Argument – drittes Argument – aktueller Bezug – Interesse wecken
Aufgreifen der Themenfrage – Einleitung – These 2 – zweites Argument – Überleitung/Drehpunkt
Zitat – Textbezug – viertes Argument – Überleitung zum Schluss – These 1 – Standpunkt des Verfassers

Beispiel einer dialektischen Erörterung

„Ist Schönheit eine Voraussetzung für innere Zufriedenheit und Glück?"

1 Der morgendliche Blick in den Spiegel kann unterschiedliche Emotionen her-
2 vorrufen: Dem einen zaubert er ein zufriedenes Lächeln ins Gesicht, während
3 der andere mit Unzufriedenheit und Selbstzweifeln kämpft. Mit der verbrei-
4 teten Sehnsucht nach äußerer „Schönheit" und deren möglicher Auswirkun-
5 gen auf das innere Wohlbefinden beschäftigt sich Julia Biedermann in ihrem
6 journalistischen Text *Heißt schön zu sein auch glücklich zu sein?* Sie nimmt vor-
7 rangig folgende Punkte in den Fokus: Schönheit sei in den sozialen Medien
8 präsent und vermarktet. Auf der einen Seite weist sie auf den Aufwand und
9 die Gefahr hin, mediale Vorbilder nachahmen zu wollen. So kommt sie zur
10 Frage, ob solche Models wohl „glücklich" seien. Am Beispiel einer ehemaligen
11 GNTM-Teilnehmerin verneint sie das. Auf der anderen Seite weist sie auf das
12 Bestreben hin, angesehen und „gelikt" zu sein. Sie rückt Aura und Selbstbe-
13 wusstsein eines Menschen als Kriterium für Glücksempfinden in den Vorder-
14 grund und wirbt dafür, sich kleinere Ziele zu setzen.
15 Es stellt sich daher die Frage: Ist Schönheit tatsächlich eine Voraussetzung für
16 innere Zufriedenheit und Glück?

17 Für die Annahme, dass die Außenwirkung gleichzeitig positive Effekte auf das
18 Innere habe, sprechen einige Gesichtspunkte.
19   Ein angenehmes Äußeres wird häufig mit höherer Akzeptanz in Verbin-
20 dung gebracht. Solche Menschen wirkten selbstsicherer und kämen dadurch
21 bei Freunden, in der Schule oder in gesellschaftlichen Gruppierungen besser
22 an. „[...] [V]or allem Jugendliche streben nach Anerkennung und einem Ge-
23 fühl der Zugehörigkeit" (Z. 18 f.) Meine eigene Erfahrung bestätigt sich hier:
24 Gerade in der Schule erfreuen sich hübsche Mädchen mit modischer Kleidung
25 oft großer Beliebtheit. Erst recht zeigt sich das am Abschlussball, wenn man
26 sich fast auf einen Laufsteg versetzt fühlt. „Natürlich freut sich jeder über
27 Komplimente oder viele Likes zu einem Foto von sich." (Z. 22) Somit wird kein
28 Aufwand gescheut, um sich den bis dahin glücklichsten Tag des Lebens zu be-
29 scheren.
30   Außerdem argumentieren vor allem viele junge Menschen, dass attraktive
31 Gleichaltrige mehr Erfolg hätten als andere. Selbst Studien belegen, dass ins-
32 besondere Schülerinnen oder Schüler mit angenehmem Äußeren bessere
33 Noten bekämen als andere, bei Bewerbungen die besseren Chancen hätten
34 und sich dadurch sogar weniger bemühen müssten. Das bestätigte ein Artikel
35 des SPIEGEL online schon vor Jahren und bezeichnete das Phänomen als „Die
36 subtile Macht der Schönheit".[1] Dort war der ernstgemeinte Vorschlag zu lesen,
37 dass zumindest ab und zu Fremdkorrekturen von Klassenarbeiten durchge-
38 führt werden sollten. Ob diese Art des Erfolgs in einer Schulklasse allerdings
39 dauerhaft glücklich machen kann, ist sehr fraglich. Schließlich werden Leis-
40 tungen und der Aufwand dafür von den Jugendlichen kritisch verglichen.

In der Prüfung kannst du nur auf die vorgegebenen Materialien zugreifen!

---

1   Bärschneider, Nina: Die subtile Macht der Schönheit. In: SPIEGEL Panorama 2017, online unter:
    www.spiegel.de/lebenundlernen/schule/huebsche-schueler-bekommen-bessere-noten-a-1135459.html
    (19.02.2020).

41 Nicht nur aus diesen Gründen sprechen wesentliche Aspekte gegen einen
42 Zusammenhang von äußerer Schönheit und innerem Glücksempfinden.

43 Ein wesentlicher Aspekt liegt in der gängigen Redensart, wahre Schönheit
44 komme von innen. „Dabei kommt es nicht auf Details an, sondern die gesam-
45 te Ausstrahlung." (Z. 24) „Ausstrahlung", das nach außen hin wahrnehmba-
46 re Innere eines Menschen, muss nicht mit rein optischen Eindrücken in Ver-
47 bindung gebracht werden. Daraus kann gefolgert werden, dass erst recht
48 kein „Glück" – was auch immer darunter verstanden wird – garantiert ist.
49 Weitaus wichtiger ist es, den Einfluss der Medien als Sprachrohr der ge-
50 sellschaftlichen Ideale zu erkennen. Wer ausgeglichen ist, sich nicht von so
51 genannten Schönheitsidealen verunsichern lässt, strahlt Selbstsicherheit
52 aus. Eine noch so attraktive „Fassade" kann beispielsweise das Gegenüber
53 verunsichern, von Wesentlichem ablenken, bisweilen sogar unangenehm
54 berühren. Zudem berichten manche als „schön" geltenden Menschen von
55 negativen Eindrücken bei Begegnungen mit anderen. Das kann bis hin zu
56 Ablehnung und Hass aus Neid gehen. Diese möglichen Auswirkungen zei-
57 gen, dass die Fragestellung von vornherein Widerspruch hervorrufen muss.
58 Menschen nach ihrem Äußeren zu beurteilen, ist diskriminierend. In
59 englischsprachigen Ländern ist dieses Verhalten schon seit Längerem als
60 *Lookism* bekannt. Das heißt, auch anzunehmen, „Schönheiten" müssten
61 durch ihre Erscheinung zufriedener und glücklicher sein als andere, ist ein
62 Vorurteil.
63 Am überzeugendsten ist jedoch die Tatsache, dass heute vieles „mach-
64 bzw. operierbar" ist, was nicht dem ursprünglichen Aussehen entspricht.
65 Das kann gefährliche Auswirkungen haben. „Das Bestreben, unrealisti-
66 schen und unerreichbaren von Promis aus den Medien gezeigten Schön-
67 heitsidealen nachzueifern, kann kaputt und damit alles andere als glück-
68 lich machen." (Z. 7 f.) Die Folgen lassen sich gerade in der Schule beobach-
69 ten. Kosmetik- und Friseurkosten sind bei beiden Geschlechtern ein fester
70 Posten. Der Aufwand für immer extravagantere Undercuts, Dip-Dye-
71 Färbungen und teils sündhaft teure Schminkprodukte ist bei manchen
72 Jugendlichen sehr hoch. Auch das Wetteifern um den perfekten „Body"
73 nimmt Geld und Zeit in Anspruch. Fehlernährungen belasten die jungen
74 Körper zudem oft folgenschwer und können süchtig machen. Wie sollte
75 also diese Art erkaufter Schönheit glücklich und zufrieden machen?

76 Wenn ich abschließend Pro und Kontra abwäge, komme ich zu dem
77 Schluss, dass Schönheit und Glück deutlich voneinander abzugrenzen
78 sind. Schon alleine die beiden Begriffe zu definieren, ist kaum möglich, ge-
79 schweige denn, sie logisch zu verknüpfen. Wichtiger ist es, die Absichten
80 der „Verkäufer" von Schönheit als Ideal zu durchschauen. Insbesondere Ju-
81 gendliche sollten sich nicht von künstlich hergestellter optischer „Perfek-
82 tion" und vorgegaukelter digital bildbearbeiteter „Schönheit" beeinflus-
83 sen lassen. Glück, als innere Beglücktheit, Frohsinn, Freude, Zufriedenheit,
84 lässt sich durch aufgesetzte Effekthascherei nicht erzwingen.

85 Judy Garland, eine Berühmtheit der Film- und Musikgeschichte, sagte ein-
86 mal: „Sei eine erstklassige Ausgabe deiner selbst, keine zweitklassige von
87 jemand anderem."
88 Also: Lassen wir uns nicht blenden!

c) Untersuche die benannten Bausteine nun genauer.

1. Notiere die erste These. Steht sie für Pro oder Kontra? Woran erkennst du das?

_____

_____

2. Untersuche das erste Argument. Welches Beispiel stützt die Begründung?

_____

3. Schreibe die Formulierung auf, mit der zum zweiten Argument übergeleitet wird.

_____

4. Wie wird das zweite Argument begründet? Womit wird es belegt?

Begründung: _____

Beleg/Beweis: _____

5. Notiere die zweite These.

_____

6. Notiere die Behauptung des vierten Arguments. Welche besondere Rolle spielt es?

_____

_____

7. Schreibe möglichst viele Formulierungsbausteine und Satzverknüpfungen heraus, die du auch in deinen eigenen Erörterungen zu anderen Themen wiederverwenden könntest.

Es spricht einiges dafür, dass ...,

_____

_____

_____

_____

_____

Schritt für Schritt eine dialektische Erörterung verfassen

Du sollst nun Schritt für Schritt eine Erörterung zur Themenfrage „*Welche Chancen und Risiken bringen digitale Geräte im Familienleben mit sich?*" ausarbeiten.
Nutze deine nach dem Sanduhr-Prinzip geordneten Argumente aus der Tabelle aus Aufgabe 4.
Bei allen Aufgaben helfen dir die Formulierungshilfen auf den Seiten 35–36.

⮕ **Aufgabe 6**

a) Vervollständige die folgende Einleitung. Vergiss nicht, Bezug auf den Text von Seite 27 zu nehmen.

Ein Blick in die Wohnzimmer unserer Familien zeigt: Smartphone und Co. sind als gleichwertige Familienmitglieder in die Häuser eingezogen.

_____

_____

_____

_____

_____

b) Wähle eine der folgenden Überleitungen aus, die passend erscheint, um von der Einleitung zu deiner ersten These (Antithese) in deinem Hauptteil überzuleiten.

Viele Eltern beklagen, dass die Kommunikation innerhalb der Familie unter den digitalen Geräten leide.	○
Es spricht einiges dafür, sich die Risiken, die digitale Geräte im Familienalltag mit sich bringen, bewusst zu machen.	○
Obwohl es sicherlich auch gilt, sich die Risiken digitaler Geräte auf das Familienleben bewusst zu machen, überwiegen die Chancen.	○
Einerseits zeigen uns zahlreiche Situationen, welche Chancen digitale Geräte im Familienalltag mit sich bringen.	○

c) Formuliere nun auf einem separaten Blatt die erste These und entfalte dazu drei Argumente mit Behauptung-Begründung-Beispiel(e). Achte auf die logische Anordnung (siehe Sanduhr-Grafik).

d) Führe nun eine der beiden folgenden Überleitungen fort, um den Drehpunkt zu gestalten und zu deiner zweiten These überzuleiten.

Andererseits nutzen uns digitale Geräte im Familienalltag aber auch, um ...

_____

_____

Andererseits bergen digitale Geräte im Familienalltag aber auch die Gefahr, ...

_____

_____

e) Baue nun auch für deine zweite These auf einem Blatt drei vollständige Argumente mit *Behauptung – Begründung – Beispiel(e) – Fazit/Folgerung* aus. Beachte wiederum die Reihenfolge.

f) Formuliere auf demselben Blatt mit Hilfe der vorgegebenen Stichpunkte einen Schluss, der zu deiner Erörterung passt.

> **Stichworte**
>
> Abschließend
> Wenn ich Pro und Kontra abwäge
> Für mich überwiegt
> Wichtig ist jedoch
> Folgende Konsequenzen
> Die Aussagen des Textes, der Grafik, der Karikatur stimmen mit der
>   Argumentation nicht/überein; sollten nochmals überdacht werden, da ...

Der Schlusskommentar: einen eigenen Standpunkt einnehmen

Die eigene Stellungnahme

Den Schluss einer dialektischen Erörterung leitest du am besten mit einer **Zusammenfassung** ein. Diese kann darin bestehen, dass du die Abwägung der Pro- und Kontra-Argumentation beschreibst und eine **klare Tendenz zur zweiten These mit Argumentation einnimmst**.

Häufig gibt es jedoch auch Argumente zur ersten These, die sehr gewichtig oder berücksichtigenswert sind. Dann kann sich eine **sogenannte Synthese bzw. ein Kompromiss zwischen Aspekten beider Seiten** anbieten. Diese formulierst du so, dass dein **Standpunkt** (vergleiche dazu die Fußabdrücke) zwischen den beiden Thesen verdeutlicht wird. Möglicherweise müssen dann die **Stichworte der ausschlaggebenden Argumente** nochmals kurz dargestellt werden.

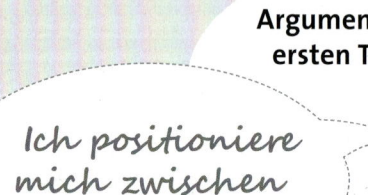

Argumente der ersten These   Synthese   Argumente der zweiten These

Ich positioniere mich zwischen beiden Thesen.

Ich bin ganz klar für die zweite These.

⮞ **Aufgabe 7**

Notiere zu den Sätzen in der folgenden Tabelle *pro, kontra* bzw. *Synthese* in die rechte Spalte.

Es ist klar zu erkennen, dass das Argument ... die Chancen und positiven Möglichkeiten der Nutzung digitaler Geräte im Familienleben beweist.	
In der Zusammenschau lässt sich erkennen, dass es sowohl zugkräftige Argumente auf der einen als auch der anderen Seite gibt. Besonders die Gesichtspunkte ..., ... und ... zeigen, dass eine einseitige Position nur schwerlich vertretbar ist.	
Zusammenfassend wird deutlich, dass die Argumente stärker für die Nachteile der Nutzung sprechen. Jedoch muss eingeräumt werden, dass ...	

Formulierungshilfen

Hilfreiche Formulierungen für eine dialektische Erörterung

EINLEITUNG

... ist ein aktuelles Thema.

In den Medien ist häufig von ... die Rede.

Der vorliegende Text (Textsorte – hier: journalistischer oder Sachtext –, Titel, Autor/in, Entstehungs-jahr) ... thematisiert .../geht auf ... ein/zeigt an Beispielen, ...

In dieser Erörterung möchte ich mich mit der Frage ... auseinandersetzen.

Im Folgenden soll erörtert werden, ...

Vor diesem Hintergrund stellt sich die Frage: ...

Um dieser Frage auf den Grund zu gehen ...

> _Hier kannst du eigene Formulierungen eintragen._

HAUPTTEIL

1. These

Für eine ... sprechen viele Gesichtspunkte. Gegen eine ... können folgende Argumente angeführt werden.

Einerseits spricht vieles dafür/dagegen, dass ...

Argumente zu These 1:

Ausschlaggebend hierfür ist ...

Viele Menschen/Jugendliche führen als wichtigsten Grund für/gegen ... an, dass

Des Weiteren sind Gegner/Befürworter von ... der Ansicht, es ....

Zudem muss betont werden, dass ...

Ebenfalls ist ... nicht von der Hand zu weisen.

Eher selten oder von wenigen Befürwortern oder Gegnern wird auch ... ins Feld geführt.

In einigen Fällen kann auch der folgende Aspekt zutreffen: ...

Dreh- und Wendepunkt

Obwohl die Schattenseiten/Pro-Argumente nicht ignoriert werden sollten, ...

Jede Thematik kann von zwei Seiten betrachtet werden; daher werden nachfolgend die Pro-/
Kontra-Argumente aufgeführt.

Wurde bisher pro/kontra ... erörtert, sollen nun die Vorteile/Chancen bzw. Nachteile/Risiken
zur Sprache kommen.

Es gibt sicherlich vieles, was dafür/dagegen spricht, jedoch ...

Einerseits ..., andererseits ...

Nachdem ich mich mit ... auseinandergesetzt habe, möchte ich nun zu ... kommen.

2. These

Für/gegen ... sind folgende wesentliche Argumente von Bedeutung.

Obwohl die Pro-/Kontra-Argumentation wichtige Aspekte umfasst, fallen die folgenden Argumente jedoch weitaus mehr ins Gewicht.

Auf der anderen Seite muss hingegen beachtet werden, dass ... (thematischer Aspekt) auch noch konträr beleuchtet werden muss.

Argumente zu These 2:

Zum einen kann der/die/das ... als Begründung angeführt werden.

Weitaus wichtiger ist jedoch die Tatsache, dass ...

Experten geben darüber hinaus ... (thematischer Aspekt) zu bedenken.

Der schlagkräftigste/überzeugendste/gewichtigste Grund für/gegen ist aber ...

Junktionen und sprachliche Verknüpfungen für die Argumente:

begründen:

denn, deshalb, darum, deswegen, aufgrund dessen, damit, ...

☞ Nach diesen Konjunktionen folgt ein ganzer Satz – daher ist zuvor ein Punkt oder Semikolon günstig.

weil; da; insofern ..., als; dass; um ... zu

☞ Diese Subjunktionen werden in Neben- oder Gliedsätzen verwendet. Achte auf die Zeichensetzung.

verknüpfen:

darüber hinaus, außerdem, des Weiteren, desgleichen, ferner, zudem, schließlich, abgesehen davon, ebenso, hinzu kommt, noch wichtiger, am wichtigsten,

neben, dennoch, zusätzlich, dagegen

nebenordnende Konjunktionen: sowie, oder, und, beziehungsweise (bzw.)

unterordnende Subjunktionen: obwohl, wobei, jedoch

belegen/beweisen:

Beispielsweise ...

Dies kann an folgendem Beispiel veranschaulicht werden.

Das zeigt ...

Als praktisches Beispiel bietet sich ... an.

Wie das Beispiel zeigt ...

Eine beweiskräftige Erfahrung kann z. B. ... sein.

Zum Beispiel ...

Dafür/Dagegen spricht die folgende Aussage ... (Autor/in).

SCHLUSS:

Zusammenfassend lässt sich sagen ...

Wenn ich Pro und Kontra abwäge, komme ich zu dem Schluss ...

Nach abschließender Betrachtung ... /Abschließend möchte ich betonen, dass ...

Für mich überwiegt jedoch ... /Aus meiner Sicht ...

Deshalb finde ich es wichtig, dass ...

Für die Zukunft ...

Zusatzmaterial 1: Eine Karikatur auswerten

Zusätzlich zum Text steht in der Prüfung eine Grafik oder Abbildung wie etwa ein Diagramm oder eine Karikatur zur Verfügung. Du kannst daraus Informationen entnehmen und für deine Erörterung nutzen.

Im **Downloadbereich** findest du einen Tippkasten zur Analyse und Interpretation von Karikaturen.

Piero Masztalerz

➲ **Aufgabe 8**

a) Sieh dir die Karikatur genau an.

b) Beschreibe die Karikatur: Was ist darauf zu sehen?

_____

_____

c) Auf welche gesellschaftliche Entwicklung möchte der Karikaturist hinweisen?

_____

_____

d) Welche Meinung hat er zum Thema?

_____

_____

e) Wie stehst du zu der Aussage der Karikatur? Stimmst du zu oder bist du anderer Meinung? Argumentiere.

_____

_____

_____

f) Vervollständige den folgenden Satz, den du so in einer Erörterung verwenden könntest:

Diesen Standpunkt vertritt auch Piero Masztalerz in seiner Karikatur. Sie zeigt ...

_____

_____

Thema 3: Minimalismus

Vorwissen zum Sachthema aktivieren

⮑ **Aufgabe 1**

Überlege, was hinter dem Begriff *Minimalismus* stecken könnte. Schreibe deine Vermutungen auf.

_____

_____

_____

⮑ **Aufgabe 2**

a) Schlage in einem Wörterbuch nach oder recherchiere online. Notiere die Bedeutung des Begriffs.

_____

_____

b) Recherchiere im Internet.
Schreibe weitere Begriffe und Synonyme auf, die im Zusammenhang mit *Minimalismus* stehen.

Selbstoptimierung, _____

_____

⮑ **Aufgabe 3**

Könntest du dir vorstellen, *minimalistisch* zu leben? Begründe deine Antwort.

_____

_____

_____

In den folgenden Materialien erfährst du mehr zum Thema *Minimalismus* und kannst dir ein genaueres Bild zu dieser Lebenseinstellung machen.

Zusatzmaterial 2: Ein Diagramm auswerten

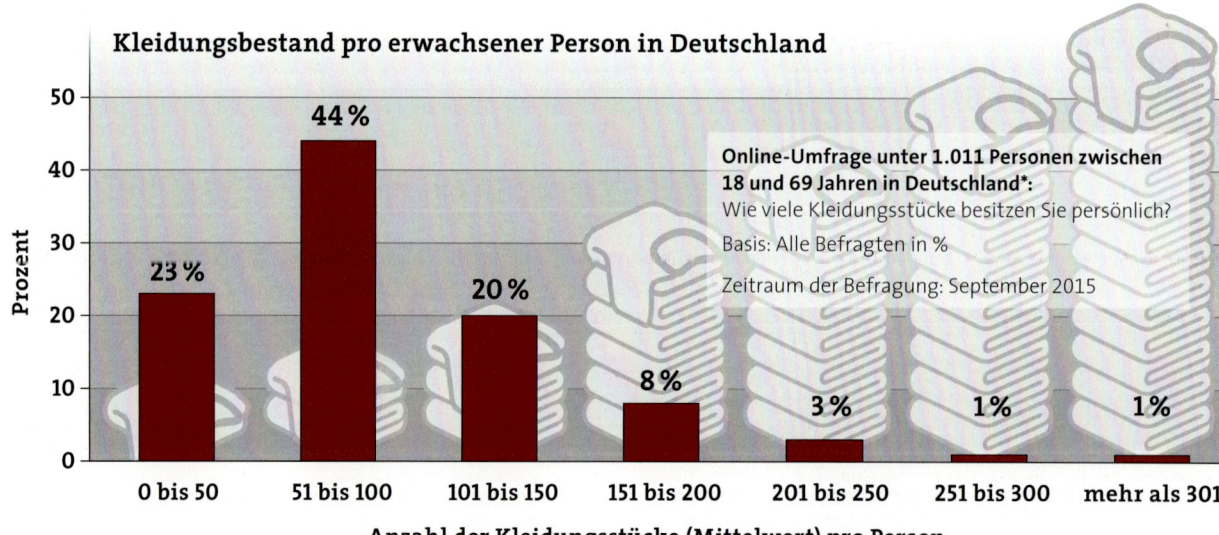

Kleidungsbestand pro erwachsener Person in Deutschland

Online-Umfrage unter 1.011 Personen zwischen 18 und 69 Jahren in Deutschland*:
Wie viele Kleidungsstücke besitzen Sie persönlich?
Basis: Alle Befragten in %
Zeitraum der Befragung: September 2015

y-Achse: Prozent

x-Achse: Anzahl der Kleidungsstücke (Mittelwert) pro Person

0 bis 50	51 bis 100	101 bis 150	151 bis 200	201 bis 250	251 bis 300	mehr als 301
23 %	44 %	20 %	8 %	3 %	1 %	1 %

* Institut Nuggets Market Research & Consulting GmbH im Auftrag von Greenpeace
Vgl.: https://www.greenpeace.de/sites/www.greenpeace.de/files/publications/20151123_greenpeace_modekonsum_flyer.pdf, Seite 2 (14.02.2020).

Diagramme auswerten

Diagramme sind **grafische Darstellungen**, denen du meist **Größenverhältnisse oder Entwicklungen entnehmen** kannst. Richtig „gelesen" und ausgewertet liefern sie dir Informationen, die du für deine Schreibaufgaben verwenden kannst. So gehst du vor:

Im **Downloadbereich** findest du einen Tippkasten mit hilfreichen Formulierungen für die Diagrammauswertung.

1. EINORDNUNG
- Welche Diagrammform liegt vor?
- Welche Angaben machen die x- und die y-Achse?
- Gibt es eine Legende? Wenn ja, welche Zusatzinformationen liefert sie?
- Um welches Thema geht es? (Überschrift und Unterschrift)
- Von wem und von wann ist das Diagramm?
- Welcher Zeitraum oder Zeitpunkt wird abgebildet?

2. BESCHREIBUNG
- Genaue Beschreibung der Informationen der Darstellung.

3. ERKLÄRUNGEN
- Versuche, die dargestellten Verhältnisse oder Entwicklungen zu erklären:
  z. B. Warum sind manche Werte höher als andere? Warum steigen oder fallen bestimmte Werte?
- Verknüpfe Wissen, das über das Diagramm hinausgeht, mit den Inhalten des Diagramms.

4. BEWERTUNG
- Fasse deine Erkenntnisse zu einer Gesamtaussage zusammen.
- Gibt es Besonderheiten/Auffälligkeiten?
- Bleiben noch Fragen offen?

⊃ **Aufgabe 4**

Erschließe nun schrittweise das Diagramm. Antworte immer in vollständigen Sätzen.

a) Benenne die Form der Grafik.

_____

b) Welche Angaben findest du auf der x- und der y-Achse?

x-Achse: _____

y-Achse: _____

c) Lies die Überschrift des Diagramms. Fasse die Aussageabsicht der Grafik in einem Satz zusammen.

Das Diagramm bietet Informationen über ... _____

_____

d) Welche zusätzlichen Informationen enthält das Diagramm?

_____

_____

e) Von wem stammt das Diagramm?

_____

f) Welcher Zeitraum wird dargestellt?

_____

g) Beschreibe die Einzelheiten des Diagramms. Welche Aussagen macht das Diagramm?

_____

_____

_____

_____

h) Versuche, eine mögliche Erklärung für die abgebildeten Verhältnisse zu formulieren.

_____

_____

i) Gibt es Fragen, die offen bleiben, bzw. Informationen, die im Diagramm fehlen?

_____

_____

Material 3

Mit neuer Lebenseinstellung zu mehr Freiheit?

Julia Biedermann

1 Weniger ist mehr – unter diesem Motto steht die Gegenströmung zur heutzutage allgegenwärti-
2 gen Konsumkultur. In einer Welt des Überflusses und der Schnelllebigkeit reduzieren Minimalisten
3 ihren Besitz auf das Nötigste, um sich nur noch auf wirklich Wichtiges zu fokussieren.
4 Shows und Ratgeberbücher zum Thema boomen und zelebrieren die Befreiung von unnötigen
5 Dingen. Im Idealfall kann man diese weiterverkaufen oder spenden und trägt so zu mehr Nach-
6 haltigkeit bei. Gleichzeitig fällt das zeitraubende Grübeln vor dem überfüllten Kleiderschrank weg
7 und seltenere Neukäufe schonen Umwelt und Geldbeutel.

8 Im Rahmen eines Umzugs oder längeren Auslandaufenthalts ist Besitzreduktion häufig Teil eines
9 Neubeginns. Manchmal kann oder soll nicht alles mit. Sich nicht um tausende Dinge kümmern zu
10 müssen, ermöglicht außerdem mehr Flexibilität. Kurzum: Das Leben wird einfacher.

11 Minimalismus ist kein neuer Trend. Schon 2008 stellte sich der Blogger Dave Bruno der selbst-
12 auferlegten „100 Things Challenge". Ein Jahr lang wollte er mit nur 100 persönlichen Gegenstän-
13 den auskommen.
14 Zum Vergleich: Ein Europäer besitzt im Durchschnitt zwischen 8.000 und 10.000 Dingen.
15 Am Ende des Experiments stellte Bruno für sich fest, dass Besitz nicht glücklich macht.
16 Die Sorge, dass etwas Teures gestohlen, beschädigt werden oder verloren gehen könnte, kann
17 sogar zur Belastung werden.
18 Gleichzeitig ist es oft das lang ersehnte Besondere, nicht sofort Verfügbare, das die meiste Freude
19 auslöst, wenn man es dann endlich hat.

20 Dave Bruno zählte übrigens Gegenstände, die der ganzen Familie gehören, nicht mit und Bücher,
21 Socken und Unterhosen fasste er in Gruppen zusammen. Diese Methode funktioniert also nur
22 mit Tricks. Sinnvoller ist es, sich selbst klare und erreichbare Ziele zu setzen. Wenn man nicht allein
23 wohnt oder Kinder hat, ist es ohnehin erschwert, reduziert zu leben.
24 Es darf auch kein Muss werden, sonst weichen die alten Zwänge lediglich neuen. Minimalismus im
25 eigentlichen Sinne bedeutet nicht, auf etwas verzichten zu müssen, dessen Verlust man bedauert.
26 Jedem sind individuell andere Dinge wichtig und es gibt keinen allgemeingültigen Weg.
27 Bewusster zu konsumieren ist aber in jedem Fall nicht verkehrt. Dabei gewinnt man zumindest die
28 Freiheit, nicht dem unerreichbaren „Mehr" hinterherjagen zu müssen.

Eine eigene Erörterung verfassen und das vorgegebene Material nutzen

⭢ **Aufgabe 5**

Verfassen Sie eine dialektische Erörterung zum Thema *„Minimalismus – mit neuer Lebenseinstellung zu mehr Freiheit?"*.
Beziehen Sie die vorliegenden Materialien in Ihre Argumentation mit ein. Nehmen Sie Stellung und veranschaulichen Sie diese anhand überzeugender Begründungen.
Ein Umfang von ca. 500 Wörtern wird empfohlen.

a) Bereite deine Erörterung gewissenhaft vor. Dazu gehört:

1. Erschließe das Material. Bearbeite den Text mit Hilfe des Textkamms.

2. Lege eine Stoffsammlung an und notiere: Was fällt mir zur Themenfrage ein?
   Vielleicht kannst du daraus etwas für deine Einleitung verwenden.

3. Verfasse eine kurze Textwiedergabe und beschreibe das evtl. zusätzlich vorhandene grafische Material.

4. Lege deinen Standpunkt fest, zu dem du (eher) neigst: pro oder kontra?

5. Erstelle eine Tabelle mit Pro- und Kontra-Argumenten, die du im Material findest, und ergänze eigene.

6. Entscheide dich anschließend für jeweils drei Pro- und drei Kontra-Argumente, die du verwenden willst.
   Nummeriere sie nach dem Sanduhrprinzip in der richtigen Reihenfolge.

7. Lege eine Gliederung an, in der du Notizen zu Einleitung, Hauptteil und Schluss anfertigst. Ordne die Stichworte für die Argumente im Hauptteil in der Reihenfolge, in der du sie später verwenden möchtest.

8. Kennzeichne im Text Zitate, die zu einigen deiner Argumente passen und markiere im Diagramm wichtige Fakten, die als Autoritätsbelege dienen können.

b) Verfasse eine vollständige Erörterung.

c) Überprüfe deinen Text anhand der Checkliste für die dialektische Erörterung und überarbeite ihn anschließend sorgfältig. Die Checkliste findest du im Downloadbereich. Beachte auch die Lesefreundlichkeit hinsichtlich Rechtschreibung, Schrift, Leerzeilen und Übersichtlichkeit.

Im **Downloadbereich** findest du eine Checkliste für dialektische Erörterungen.

Übungen zu Sprache und Stil

⊃ **Aufgabe 1**

Unterstreiche in jedem Satz Grammatikfehler. Schreibe den Satz anschließend korrekt darunter.

a) Glück und innere Zufriedenheit ist eine Voraussetzung für selbstbewusstes Auftreten.

_____

_____

b) Dafür lässt sich meine Eltern als gutes Beispiel anführen.

_____

c) Wenn ich mein Körper nicht regelmäßig pflege, wirke ich unattraktiv.

_____

_____

d) Beispielsweise könnte man auch in einen Wohnwagen leben.

_____

⊃ **Aufgabe 2**

a) Markiere die Passivsätze grün und die Aktivsätze blau.

b) Ordne anschließend die Passivsätze den zugehörigen Aktivsätzen zu.

Meine Freundin hat ihren Schrank aussortiert.

Es wird erkannt, dass die Pro-Argumente überwiegen.

Wir konnten es nicht ändern.

Kinder und Jugendliche spielen heutzutage häufig stundenlang Computerspiele.

Haushalte werden von immer mehr Menschen auf wenige, lebensnotwendige Dinge reduziert.

Der Schrank wurde von meiner Freundin aussortiert.

Es konnte nicht geändert werden.

Computerspiele werden heutzutage häufig stundenlang gespielt.

Es ist zu erkennen, dass die Pro-Argumente überwiegen.

Immer mehr Menschen reduzieren ihren Haushalt auf wenige, lebensnotwendige Dinge.

c) Formuliere folgende Sätze in Passivsätze um.

Prominente aus den Medien leben uns ein erfolgreiches und glückliches Leben vor.

_____

_____

Jeder Mensch definiert Ballast anders.

_____

Eine TV-Dokumentation thematisierte gestern den aktuellen Trend des Minimalismus.

_____

_____

d) Eine Erörterung muss in sachlichem Stil verfasst werden.
Das ist nicht der Fall, wenn vor dem Schlussteil zu viele Ich-Sätze verwendet werden.
Verbessere daher Sätze, indem du *Ich/ich* vermeidest.

Dafür habe ich folgendes Beispiel: In vielen Familien ist ein digitales Gerät bei den gemeinsamen Mahlzeiten nicht erlaubt.

Ich persönlich bin daher der Meinung, dass die Erziehung zu nachhaltigem Leben bereits im Kindergarten beginnen muss.

Daher ziehe ich folgendes Fazit: Internetpräsenzen bekannter Influencer sollten im Schulunterricht kritisch reflektiert werden.

⮞ **Aufgabe 3**
In der Klasse 10a wird gerade das Thema *Sinn und Unsinn von Schönheitsoperationen in jungen Jahren* diskutiert. Paul hat seine Stellungnahme folgendermaßen begonnen:

Also ich finde das ziemlich dumm, sich schon mit 18 oder so operieren zu lassen. Man hat doch noch so viele Jahre vor sich und vielleicht gefällt einem das im Erwachsenenalter gar nicht mehr. Dann hat man Pech, weil so einfach rückgängig machen lässt sich das halt nicht. Ich würde mir nie an meinem Körper rumschnippeln lassen.

a) Lies diesen Beginn der Stellungnahme.

b) Unterstreiche, welche Formulierungen du durch andere ersetzen würdest.

c) Überarbeite Pauls Stellungnahme und notiere sie nachfolgend.

_____

_____

_____

_____

_____

_____

⊃ **Aufgabe 4**

In den folgenden Sätzen befinden sich sprachliche und stilistische Fehler. Schreibe die Sätze richtig auf.

a) Es ist gut möglich, dass man aneckt mit seinen Mitmenschen dadurch.

_____

_____

b) Viel schöner ist es doch, sich auf die wirklich wichtigen Dinge im Leben zu konzentrieren und ständig anderen nicht hinterherzueifern.

_____

_____

_____

c) Mit viel Übung und Fleiß den Schülern gelingt die Abschlussprüfung mit Erfolg.

_____

_____

⊃ **Aufgabe 5**

a) Hier erkennst du häufige Ausdrucksfehler wieder. Formuliere eigene, stilistisch angemessene Sätze.

1. Ständig neue Smartphones zu haben, finden die Jugendlichen einfach mega.

_____

_____

2. Jugendliche kaufen ständig Klamotten und schmeißen sie nach dem ersten Waschen weg. Das ist einfach bescheuert.

_____

_____

3. Und dann kommt man daher, nimmt mir das Handy weg und macht mich voll an: „Ey, Alter, was hast du für ein krasses Gerät?"

_____

_____

4. Meine Argumente überzeugen voll. Da kann man nichts dagegen sagen.

_____

_____

b) Kontrolliere die fehlerhaften Beispielsätze in Bezug auf unzulässige Verallgemeinerung/pauschale Aussagen.

Übungen zum Wahlteil – Prüfungsteil B
Teil II: Textbeschreibung Lyrik

Vorbemerkungen

Die **zweite Wahlaufgabe** hat als Grundlage einen lyrischen Text, also ein Gedicht. Zu diesem sollst du eine Textbeschreibung verfassen. Den Aufbau und die Bestandteile dieser Textsorte lernst du in nachvollziehbaren Schritten kennen. Das folgende Kapitel ist daher wie ein Lehrgang aufgebaut:

Im ersten Teil lernst du einen Slam-Poetry-Text und seine speziellen, aber auch allgemeine Merkmale lyrischer Texte kennen. Zugleich zeigt dieser Text, dass es unterschiedliche Gedichtarten sowie Mischformen gibt, welche du dann mit den Gedichten im zweiten und dritten Teil vergleichen kannst.

Anhand des zweiten Gedichts und eines Interviews mit dem Autor kannst du nachvollziehen, was ein lyrischer Augenblick ist, was also das Magische dieser Gattung ist.

Ein dritter Text weckt wiederum andere Gefühle und Stimmungen. Dieser Text wird Grundlage einer vollständigen Textbeschreibung sein.

Am **Beispiel des vierten Texts** wird dir die Vorarbeit, d. h. das Lesen mit dem Stift, gezeigt.

Der fünfte Text dient als Grundlage für deine selbstständige Erarbeitung, die du dann mit dem Formulierungsvorschlag im Lösungsheft vergleichen kannst.

Zu jedem lyrischen Text wird eine **Schreibaufgabe im Stil der Prüfungsaufgaben** gestellt, sodass du für die selbstständige Arbeit mit Material 5 gerüstet bist und gut vorbereitet in die Prüfung gehen kannst. Die Arbeitsaufträge zu den Materialien 1, 2, 3 und 5 haben unterschiedliche **Teilaufgaben**, da in der Prüfung jeweils **auf den Text passend abgestimmte Aufgaben** gestellt werden. Wenn du die Aufgaben konzentriert, also Wort für Wort liest, entdeckst du Begriffe wie etwa „insbesondere" – d. h., **unbedingt, aber nicht nur!** Du lernst aber im Laufe dieses Kapitels zu unterscheiden, welche **Bestandteile einer Textbeschreibung unverzichtbar** sind und welche einige ganz bestimmte Auffälligkeiten in den Fokus nehmen. **Alle Bausteine und Bestandteile der Vorbereitung dieser Schreibaufgabe** findest du zusammengefasst auf **Lernkarten**, die du ausschneiden und beim Lernen und Schreiben verwenden kannst.

Diese Lernkarten findest du auf den Seiten 71–74. Drucke die Seiten doppelseitig aus und schneide die Lernkarten anschließend aus. Für eine bessere Stabilität können die Lernkarten laminiert werden.

Material 1

Ein Sommertagtraum[1]

Bas Böttcher (geb. 1974)

1 Ein heißer Schleier liegt über der Stadt
2 Klar, dass eigentlich nur
3 ne winzige Kleinigkeit Schuld daran hat
4 – die Temperatur

5 Im Eisgeschäft drängeln sich gierig die Massen
6 sie stürmen den Tresen in Aufruhr
7 kollapsen vor Hitze und japsen nach Frische
8 Das kommt von der Temperatur

9 Polarkappen tauen und Flüsse verdunsten
10 die Kugel Vanille zerfließt
11 im Laden da blinzeln und funkeln die Blicke
12 Die Temperatur macht all dies

13 Am Limit sind Tiefkühl- und Klimaanlage
14 der Ventilator dreht auf
15 verzwickelte Lage, die Nachfrage steigt
16 Die Temperatur macht das auch

17 Geräte am Kühlen und Drähte am Glühen
18 schon schmilzt das süße Zeug
19 der Eismann und alle Versammelten fliehen
20 Die Temperatur brennt durch

21 Beschleunigte Teilchengeschwindigkeit bringt
22 Moleküle in Karambolage
23 Mit Schnelligkeit, Anstoß, Beschleunigung schwingt
24 die Temperatur sich in Rage

25 Ich sehe vernebelt und weiß nur noch wage
26 im Traume in tollsten Wolken
27 ist gestern wohl irgendwann mitten am Tage
28 ein Eisgeschäft geschmolzen

⊃ Aufgaben

a) Lies den lyrischen Text.

b) Füge Vorlesezeichen für das laute Vortragen ein, z. B. ⟶ für schneller oder ⟵ für langsamer.

c) Tragt den Text in Gruppen sinnbetont und mit passendem Rhythmus vor.

d) Sprecht über die Wirkung auf die Zuhörer.

1   Böttcher, Bas: Ein Sommertagtraum, in: Vorübergehende Schönheit. Dresden und Leipzig: Verlag Voland & Quist 2012, S. 39.

e) Kreuze an, wie der Text auf dich wirkt.

Der Text:

… ist unterhaltsam. ◯	… ist langweilig. ◯	… ist interessant gestaltet. ◯
… ist anschaulich. ◯	… ist humorvoll. ◯	… ist künstlich. ◯
… ist leicht zu verstehen. ◯	… stimmt nachdenklich. ◯	… _____ ◯

f) Beschreibe die Wirkung des Textes, indem du die drei wichtigsten Eindrücke aus e) und weitere eigene Empfindungen anhand je eines Zitats erläuterst.

Beispiel: Als Leser schmunzelt man über Formulierungen wie „Die Temperatur brennt durch" (V. 20).

_____

_____

_____

_____

_____

_____

g) Erarbeite das Thema des Textes. Streiche dazu im folgenden Wörter-Pool die unzutreffenden Wörter durch. Markiere fünf wichtige Begriffe, die für die Bestimmung eines Themas für die Einleitung hilfreich sind.

┌─ **Vorschläge zur Bestimmung des Themas** ─────────┐

Albtraum – bedrohlich – Erderwärmung – gefährlich – Hitze
humorvoll – Illusion – ironisch – Katastrophe – Kälte – Klimawandel
lächerlich – lustig – sarkastisch – traurig – übertrieben – Vision
Wärme – Weltuntergang – witzig – Wunschvorstellung – zynisch

└──┘

*Achtung:
keine Inhalts-
angabe oder
Nacherzählung!*

Notiere das Thema möglichst kurz:

_____

h) Informiere dich in der folgenden Auflistung über verschiedene Gedichtarten und -formen. Notiere bis zu drei teils oder ganz zutreffende Begriffe. Vergleiche nochmals mit dem Original und entscheide dich für eine Textsorte.

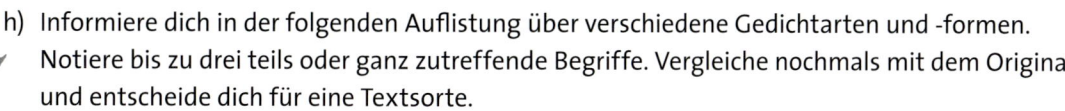

*Beim
Poetry-Slam werden
selbstverfasste Texte vorgetragen
und anschließend wählen die
Zuhörer den besten Performer.
Die deutschsprachige Poetry-
Slam-Szene ist übrigens
eine der größten der Welt!*

Arten von Gedichten nach thematischen und formalen Aspekten

Alltagslyrik: Gedichte, die inneres Empfinden ausdrücken; 1960er und 1970er Jahre
(z. B. Rolf Dieter Brinkmann)

Ballade: liedhafter, häufig gereimter, rhythmischer, relativ streng gegliederter und an einem Erzählstoff orientierter, meist dramatisch zuspitzender lyrischer Text (z. B. Johann Wolfgang v. Goethe, Friedrich Schiller, aber auch moderne Dichter wie Herbert Grönemeyer, Konstantin Wecker)

Erlebnislyrik: unmittelbares seelisches Empfinden; Epoche: Sturm und Drang (v. a. J. W. v. Goethe)

Erzählgedicht: kritischere Variante der Ballade; Begriff von Heinz Piontek (60er-Jahre)

Gebrauchslyrik: eher leicht verständliche Gedichte der 1920er Jahre, die z. B. in Zeitungen veröffentlicht wurden (z. B. Erich Kästner, Kurt Tucholsky)

Gedankenlyrik: philosophische, weltanschauliche, religiöse Betrachtungen (zu allen Zeiten; heute die vorherrschende Art der Lyrik)

Großstadtlyrik: Leben und Probleme in der Großstadt (z. B. Kurt Tucholsky, Erich Kästner, Mascha Kaléko)

Humoristische Lyrik: heiter bis ironische, aber auch kritisch verzerrende Gedichte, oft mit erzählendem Charakter (z. B. Eugen Roth, Christian Morgenstern, Robert Gernhardt)

Lied/Lyrics (Songtexte): traditionelle Liedtexte (auch: Volkslied) bis hin zu modernen Texten von Singer-Songwritern (z. B. AnnenMayKantereit, Clueso, Revolverheld, Mark Forster)

Liebeslyrik: in allen Epochen das große Gefühl (z. B. Heinrich Heine, Else Lasker-Schüler, Bertolt Brecht)

Mundartlyrik: Dialektdichtung mit unterschiedlichen Themen (z. B. Marcus Manfred Jung (alemannisch), Manfred Mai (schwäbisch), Helmut Haberkamm (fränkisch))

Naturlyrik: wie der Begriff es ausdrückt, das Thema Natur in allen Facetten (z. B. Friedrich Hebbel, Eduard Mörike, Sarah Kirsch)

Ökolyrik: eher politische und umweltkritische Richtung der Naturlyrik der 1950er bis 1980er Jahre (z. B. Günter Kunert, Erich Fried, Günter Grass, Jürgen Becker)

Politische Lyrik: gesellschaftskritische Lyrik, die auch den eigenen Standpunkt von Dichtern wiedergeben kann (z. B. Bertolt Brecht, Erich Fried, Günter Grass)

Religiöse Lyrik: Themen des Glaubens (z. B. Andreas Gryphius, Friedrich Hölderlin, Matthias Claudius)

Sonett: In dieser Gedichtform trennt inhaltlich eine Antithese zwei Quartette von zwei Terzetten (z. B. William Shakespeare, Rainer Maria Rilke, Ulla Hahn)

Slam-Poetry: wird auch Spoken-Word-Poetry genannt; häufig mit rhythmischen Elementen, Binnen- und Endreimen, Wortneuschöpfungen und Wortspielen; lebt von der Live-Performance etwa auf Poetry-Slams (z. B. Patrick Salmen, Julia Engelmann, Nina Gomringer)

 i) Schreibe einen Einleitungssatz (auch Basissatz genannt) für eine Textbeschreibung zu diesem Gedicht. Zur Wiederholung und Orientierung kannst du die Tabelle auf Seite 49 verwenden. Vervollständige die zweite Zeile mit den passenden Angaben.

_____

_____

_____

Der Einleitungssatz/Basissatz zur Textbeschreibung

Textsorte	Autor	Titel	Thema	Erscheinungs-jahr	Quelle
Gedankenlyrik	Walle Sayer	„Suchbild"	???	2019	„Mitbringsel". Tübingen: Verlag Klöpfer & Meyer. S. 94.
	Bas Böttcher	„Ein Sommer-tagtraum"			

j) Ein weiterer Baustein der Beschreibung eines Gedichts ist die vertiefte Betrachtung des Titels.
Ein Sommertagtraum ist kein feststehender Begriff, sondern eine Wortneuschöpfung und Anspielung auf William Shakespeares *Ein Sommernachtstraum*. Informiere dich darüber und schreibe einen Satz dazu auf.

_____

_____

k) Beschreibe den Titel und seinen Zusammenhang zum Text. Beziehe dabei dein Wissen aus j) ein.

_____

_____

_____

_____

l) Der Hauptteil der Textbeschreibung beginnt mit der Analyse des Titels oder der Inhaltsangabe.
Korrigiere und vervollständige die folgende Inhaltsangabe, die an deinen Text aus k) anknüpfen soll.

Böttcher beschreibt eine übertriebene Vorstellung eines extrem heißen Hochsommertages anhand vieler wahnwitziger Ereignisse. Er bezichtigt die Hitze der Schuld an vielem, was völlig danebenen ist. Am Ende ...

Deine Inhaltsangabe: _____

_____

_____

Merkmale vergessen? Du kannst auch die Lernkarte 2 (S. 71) verwenden.

_____

_____

m) Eine mögliche Aufgabenstellung für die Prüfung könnte folgendermaßen lauten:

> **Verfassen Sie eine Textbeschreibung zu diesem Gedicht.**
>
> Insbesondere müssen folgende Aspekte zur Sprache kommen:
> - Klanggestalt und auffällige bildhafte Stilmittel sowie deren Bedeutung für den Inhalt
> - Zusammenhang zwischen dem Titel und der letzten Strophe
> - zwei Tempusformen und deren Verbindung mit dem Titel
> - Einsatz von Humor bzw. Ironie
> - besondere Rolle der Temperatur – sprachlich und inhaltlich
>
> Die Textbeschreibung soll zusammenhängend und inhaltlich gegliedert dargestellt sein.
> Grammatik und Rechtschreibung werden bewertet.

n) Hake in der Aufgabe m) (Kasten) diejenigen Begriffe ab, die du in den vorherigen Aufgaben schon bearbeitet hast und markiere sie auch in der folgenden Übersicht.
Vervollständige die Merkbuchstaben zur Einleitung.

Übersicht über den Aufbau einer Textbeschreibung Lyrik

Bestandteil	Stichworte zum Inhalt/Untergliederung	erledigt
Einleitung	**T** _ _ _ _ _ in Form eines Satzes/Satzgefüges	
Hauptteil	Deutung des Titels/Bezug zum Text	
	Inhaltsangabe	
	Beschreibung von Gestalt, Form und Aufbau (Metrum, Rhythmus, Reime …)	
	Beschreibung der Sprache (auch: grammatische Auffälligkeiten)	
	Beschreibung des Inhalts: Strophe für Strophe, Vers für Vers	
	Beschreibung des Stils (v. a. Stilmittel, Bildhaftigkeit)	
	Formulierung der Textaussage (auch als Beginn des Schlusskommentars)	
Schluss/ Stellungnahme	Entweder Textaussage oder Wirkung von Text und Aussage auf den Leser	
	Gehalt/Bedeutung für Leser, Gesellschaft usw./ Übertragung auf die eigene Lebenswelt	
	Fazit/Ausblick/weiser Spruch	

o) Du siehst, dass du bereits einiges geleistet hast. Nun fehlen noch wichtige Teilaufgaben. Unterstreiche diese.

p) Beschreibung von Form und Aufbau:

- Betrachte die äußere Form des Textes.
- Nummeriere die Strophen und zähle die Verse je Strophe.
- Kennzeichne im Originaltext die Reime und leite ein Schema daraus ab.
- Setze Akzentstriche oberhalb der betonten Silben und ermittle Metrum und Rhythmus.
- Verfasse zu all diesen Angaben einen zusammenhängenden Text.
- Wähle dazu aus folgenden Formulierungshilfen passende aus.

Du kannst auch die Lernkarte 3 (S. 71) verwenden.

Der lyrische Text besteht aus _____ Strophen zu je _____ Versen.

Rein optisch wirkt das Gedicht sehr _____ .

Auf den ersten Blick entsteht der Eindruck eines/einer _____ .

Die vorherrschende Reimart ist der _____ .

Jedoch liegen nicht nur reine Reime, sondern auch _____ vor.

Daraus kann geschlossen werden, dass _____ .

In Bezug auf das Metrum fällt _____ auf.

Dennoch kann von einem _____ gesprochen werden.

Diese Beobachtungen bestätigen die Einordnung des Textes als _____ ,

was sich auch bei näherer Betrachtung der Sprache und der Stilmittel herausstellt.

Deine Formbeschreibung: _____

_____

_____

_____

_____

_____

_____

_____

q) Recherchiere im Internet zu Bas Böttcher und seiner Slam-Poetry. Sieh dir auch Clips an.
   Notiere einige wesentliche Unterschiede zu den Gedichten, die du kennst.

_____

_____

r) Arbeite die Lernkarte 4 durch und notiere auf der linken Seite des Gedichts
   Sommertagtraum Auffälligkeiten zur Sprache. Formuliere dann eine Sprachbeschreibung.
   Vielleicht schaffst du es, von der Formbeschreibung aus p) zur Sprachanalyse überzuleiten.
   Unbedingter Bestandteil der möglichen Prüfungsaufgabe m) sind die Tempora.

Verwende die Lernkarte 4 (S. 72).

Deine Sprachanalyse: _____

_____

_____

_____

_____

s) Es macht Freude, die Machart von Gedichten wiederzuerkennen.
Stelle dir den Dichter vor, wie er an verschiedenen Stellen tüftelt,
bis er zu diesem Ergebnis kommt.
Dazu wiederholst du oder lernst du einige Kunstkniffe (Stilmittel und
Stilfiguren) kennen. Das machen wir nun schrittweise.
Markiere die Stilmittel im Material 1 auf Seite 46 auf
der linken Seite und schreibe die Bedeutung dazu.

Stilbetrachtung:

Motiv

lyrisches Ich

Personifikation

Anspielung

Metapher

Hyperbel

Verwende
die Lernkarte 6 (S. 73) und
die Stilmittel-Übersicht
im Downloadbereich.

t) Schreibe einen zusammenhängenden Text über die Stilmittel. Lies dazu nochmals ganz genau in der Aufgabenstellung nach. Äußere dich dabei auch zu Ironie und Humor (vgl. dazu die Prosa-Lernkarte 7 (S. 96).

Deine Stilanalyse: _____

_____

_____

_____

_____

_____

_____

_____

Material 2

Suchbild[1]

Walle Sayer (geb. 1960)

1 Beim Staubwischen
2 für einen Moment ausruhen
3 im Jugendzimmer der Tochter.

4 Die, unterwegs mit schwerem Rucksack,
5 auf Ziegenfarmen arbeitet, Bärenspray bei sich hat,
6 vor dem verirrten Elch in der Parkbucht stehenblieb,
7 und im letzten Brief schreibt, daß die Kontinente
8 wie Puzzleteile zusammenpassen.

9 Das Porträt von ihrem Weihnachtsbäumchen mitschickte:
10 ein nadelnder Tannenzweig in einer leeren Weinflasche.

11 Und dort, wo sie gerade ist,
12 aufsteht, wenn wir müde sind,
13 sich hinlegt, wenn wir aufwachen.

14 Während du hier, als hieltest du Wache,
15 dich auf dem Breitengrad der Bettkante befindest.

16 Wie ein Suchbild
17 das Zahnlückenphoto vom Voltigieren betrachtest,
18 auf dem sie mit ausgebreiteten Armen
19 erste Flugübungen macht.

20 Das Pferd, von dem sie damals träumte
21 und das sie nie bekam, scharrt jetzt
22 mit dem rechten Vorderhuf.

Gedichte – eine andere Art des Lesens

Gedichte bestehen aus verdichteten, also sprachlich knapp wiedergegebenen Wahrnehmungen. Das Lesen lyrischer Texte kann deshalb nicht mit dem eines spannenden Krimis verglichen werden. Lass dich auf das Genießen ein, indem du diesen „kleineren Kunstwerken" mit großer Wirkung weder mit Hast noch Unwillen begegnest. Lies je nach Länge Strophe für Strophe, Vers für Vers, immer wieder auch Wort für Wort. Denke über die Worte nach. Erzeugen sie innere Bilder in dir? Irritieren dich manche Stellen?
Und: Lies es vor allem mehrfach. Wenn du beim ersten Lesen nicht laut lesen kannst, so genieße den Text sehr langsam. Es geht um ein „entschleunigtes" Lesen.
Die Abwandlung einer indischen Redensart lautet: **Wenn du langsam liest, kommen dein Denken und dein Fühlen mit.**

1   Sayer, Walle: Suchbild. In: Mitbringsel. Tübingen: Verlag Klöpfer & Narr 2019, S. 94. Der Autor bevorzugt die alte Rechtschreibung.

➲ Aufgaben

a) Lies den lyrischen Text. Versuche dabei die oben beschriebene verlangsamte Leseweise.

b) Beschreibe den ersten Eindruck, also die Wirkung des Gedichts auf dich und deine Gefühle.

_____

_____

_____

c) Füge beim zweiten Lesen Vorlesezeichen für den lauten Vortrag ein, z. B. // für längere Atempause oder ___ für besondere Betonung. Berücksichtige dabei die Zeichensetzung des Textes.

d) Tragt den Text in Partner-Teams sinnbetont vor. An welchen Stellen musstet ihr euch anders entscheiden, als es die Zeichensetzung im Original-Text vorgab? Notiert zwei Gründe, die der Autor möglicherweise dafür hatte.

_____

_____

e) Skizziere in den leeren Rahmen, was auf dem Foto (Strophe 6) dargestellt ist. Notiere in die linken Leerzeilen Oberbegriffe für Themen und Eindrücke, die du aus der ersten Textlektüre gewonnen hast.
Hast du auch Fragen? Dann notiere sie in den rechten Leerzeilen.

f) Gestaltet auf A3-Blättern in Gruppen je ein Figuren-Beziehungsgeflecht.
Sammelt dazu die Figuren/Personen im Text und ergänzt jeweils Tätigkeiten, Erlebnisse, Orte und andere Einzelheiten.

g) Sprecht über eure Einschätzung: Stellt der Autor eine erfundene oder wirkliche Situation vor?
Nennt Gründe für eure Wahrnehmung.

_____

_____

Dichter/in und Werk

Autorinnen und Autoren von Lyrik haben ganz **unterschiedliche Beziehungen zu ihrem Werk**. Viele gehen von Momentaufnahmen, Eindrücken aus; andere schreiben etwa auch in längeren Gedichten (z. B. lyrischer Prosa) ausführlicher über Ereignisse, verwenden aber auch poetische Mittel. Die Welt der Lyrik ist groß – wie auch die anderer Gattungen. Sehr hilfreich und intensiv sind persönliche **Begegnungen mit Poetinnen und Poeten** etwa bei Lesungen. Dabei öffnen sie sich alleine schon durch die Textvorträge dem Leser und Zuhörer. Walle Sayer kommt auf Einladung an Schulen und führt Schreibwerkstätten durch. Das ist auch eine Idee für eure Schule. Wie man das organisiert und was zu bedenken ist? Dazu findet ihr im Downloadbereich eine Anleitung.

Einstweilen soll euch aber das folgende **Interview Eindrücke und Wissenswertes zu Walle Sayer** vermitteln.

Im **Downloadbereich** findest du eine Anleitung zur Organisation einer Autorenbegegnung und Schreibwerkstatt.

Foto: Burkhard Riegels

Walle (Walter-Hermann) Sayer, geb. 1960, lebt mit seiner Familie in Horb am Neckar. Seit 1984 veröffentlichte er neun Lyrik- und Prosabände und ist in wichtigen Anthologien vertreten. Er erhielt zahlreiche Auszeichnungen und Preise.

Autor und Text – ein Interview mit Walle Sayer

Das Interview führte Christel Metzger

1   *Herr Sayer, der Titel Ihres neuen Gedichtbands* **Mitbringsel** *scheint darauf zu verweisen, dass Sie Dinge mit oder in sich herumtragen. Sind Sie also ein Sammler?*

Auf jeden Fall. Das Sammeln ist eine poetische Tätigkeit. Im Schwäbischen gibt es das Wort „aufheben" dafür, das es noch besser trifft. Im Gedicht kann man alles aufheben: Augenblicke, Dinge, Begebenheiten, Bilder …

2   *Wenn man Sie in Lesungen erlebt, wie es mir vergönnt war, erfährt das Publikum, dass Ihre Texte meist (oder immer?) einen autobiografischen Bezug haben. Ist also Ihre Dichtkunst vor allem ein Schreiben über sich selbst?*

Eduard Mörike sagte dazu einmal, was er nicht aus sich selbst und etwa aus dem Leben nehmen könne, habe keinen Reiz für ihn, und er könne gar nichts damit anfangen. Als Autor geht man also von seinem eigenen Erleben, seiner eigenen Erfahrung aus, braucht die eigene Existenz quasi als „Tellerrand", damit man darüber und über sich selbst hinausschauen kann.
Und von Wislawa Szymborska, einer polnischen Dichterin und Nobelpreisträgerin, habe ich mir den Satz abgeschrieben, mit dem sie in diesem Zusammenhang das Mysterium der Poesie anspricht „Das Biographische beleuchtet nur die äußeren Umstände des Entstehens von Poesie."
Mir scheint, ich gehe beim Schreiben manchmal vor wie ein Bildhauer, der statt Holz oder Stein halt seinen biographischen Stoff als Material bearbeitet.

3   *Jugendliche fragen oft: Wie schreibt ein Poet seinen Text? Oft fällt es ihnen schwer, zu glauben, das könne sehr lange Zeit in Anspruch nehmen.*

Gedichte kann man nicht produzieren, fabrizieren. Sie entstehen sehr spärlich. Man muss meist lange auf sie warten. Das gesammelte Lebenswerk eines Dichters ist oft dünner als ein dicker Roman.

4   *Warum ziehen Sie epische oder lyrische Kurzformen umfangreicheren Werken wie Novellen oder Romanen vor?*

Ich glaube, der Inhalt sucht sich seine Form selbst. Und ich glaube, dass in einem guten Gedicht manchmal ein ganzer Roman enthalten sein kann.

5   *Hat also ein Dichter im Sinne eines Gedichte oder Kurzprosa schreibenden Poeten eine besondere Brille auf? Betrachten Sie die Welt anders als ein Romanschriftsteller?*

Beim Gedichteschreiben suche ich immer nach dem poetischen Augenblick, um den sich mitunter auch ein Erzählkreis ziehen lässt, dann entsteht ein Prosagedicht oder eine Erzählminiatur. Mich interessiert also weniger die Handlung, sondern mehr die Wahrnehmung, das Detail, das Bruchstück. Die Scherben, die man findet, wissen mit ihrer Zeiterfahrung oft mehr über das Ganze, als das Ganze selbst.

6   *Auf Ihrem Foto sind Sie mit einer älteren (analogen) Schreibmaschine zu sehen? Schreiben Sie alle Ihre Texte darauf? Schreiben Sie also nicht mit einem Füllfederhalter wie etwa zu Lebzeiten die Poetin Sarah Kirsch?*

Das wichtigste Arbeitsmittel ist der Bleistift für mich, den brauche ich am Anfang, zum Notieren, zum Kritzeln auf ein Schmierblatt oder ins Notizbuch. Wenn dann das Gedicht, der Text, im Entstehen ist, dann geht es an die mechanische Schreibmaschine – bis 2000 habe ich noch alle meine Texte auf einer alten Schreibmaschine geschrieben. Ich mag das Geklapper, die Tastatur, es hat für mich etwas von Klavierspielen an sich. Aber danach geht es an den Computer, den ich auch sehr schätzen gelernt habe, weil er halt vieles erleichtert.

7   *Gestatten Sie die Frage, ob Sie hin und wieder den Thesaurus oder ein Synonym-Wörterbuch benutzen? Im Deutschunterricht wird das ja empfohlen, schon alleine um Wiederholungen zu vermeiden.*

Eigentlich nein. Das „Zauberwort", wie es bei Eichendorff heißt, findet sich für mich nicht auf diese Weise.

8   *Lektorieren Sie Ihre Texte selbst? Oder anders ausgedrückt: Kann man Lyrik überhaupt „Korrektur lesen"?*

Mein Lektor ist der Abstand zu meinen Texten, den ich mit der Zeit beim Überarbeiten finden muss, der nüchterne Blick. Und manchmal das Gehör: Beim lauten Lesen bemerkt man, wo es noch holpert.

9   *Warum sollten Schülerinnen und Schüler unbedingt einmal eine Schreibwerkstatt, möglichst auch mit Ihnen, erleben?*

Vielleicht erfährt man, wenn man an einer Schreibwerkstätte teilnimmt, beim Umgang mit Texten, Gedichten, dass nicht nur das Schreiben, sondern auch das Lesen eine schöpferische Tätigkeit ist. Und dass man durch die Literatur etwas über sich selbst erfahren kann, das man vorher so nicht wusste. „Ich schreibe, um zu erfahren, was ich weiß", erklärte Ilse Aichinger.

10   *Ihr Gedicht* **Suchbild** *soll Grundlage einer Textbeschreibung, also einer etwas vereinfachten Variante einer Interpretation, sein. Welche Gefühle weckt das in Ihnen?*

Es freut mich, weil es zum Eigenleben eines Gedichtes gehört, dass es in der Welt herumkommt, einen Leser findet, den Autor nicht mehr braucht.

11 *Wenn Ihr Gedicht* **Suchbild** *mit den gängigen Merkmalen der Analyse lyrischer Texte untersucht wird, welche wären Ihnen besonders wichtig?*

Die Bildsprache. Das Ausschnitthafte. Die Frage, woher die Intensität des Textes rührt.

12 *Umgekehrt gefragt: Sind diese Merkmale bereits vor Ihrem geistigen Auge, während Sie Lyrik schreiben?*

„Jedes Gedicht hat seine eigene Poetologie", sagte Günter Eich, einer meiner Lieblingsdichter. Und die entsteht jedes Mal von Neuem beim Schreibprozess.

13 *Bleiben wir noch kurz bei diesem Thema: Entsinnen Sie sich, wie lange Sie zur Alliteration und Metapher „Breitengrad der Bettkante" benötigten? Standen dafür noch Varianten zur Auswahl?*

Die Metapher ist ja eine Form des Übergangs von einem Gedanken zum anderen. Es gab während dem Kritzeln an diesem Gedicht in den Anfangsentwürfen einen Satz, in dem das Wort Breitengrad vorkam. Als ich den einfach strich, landete ich auf dem „Breitengrad der Bettkante".

14 *„Das scharrende Pferd" in* **Suchbild** *könnte manche Jugendlichen vor ein Deutungsproblem stellen. Welchen kleinen Tipp hätten Sie, ohne zu viel zu verraten?*

Diesen scharrenden Ton eines Pferdes, das es gar nicht gab, weil man es nie bekam, so etwas kann man nur im Gedicht hören.

Es gibt ein Alter, in dem sich alle Mädchen nichts Sehnlicheres als ein Pferd wünschen, davon träumen. Die wahren Wünsche und Träume erfüllen sich manchmal erst Jahre später und dann auf eine ganz andere Weise ...

15 *Hatten Sie beim Schreiben auch andere Fotos Ihrer Tochter vor Augen? War das symbolische Pferd also die erste Wahl für die Schlussstrophe?*

Diese Verbindung von Reiten und Fliegen, wenn das kleine Mädchen beim Voltigieren freihändig auf dem Pferd ihre Runden dreht, dieses Bild tauchte aus irgendeiner Seelenschicht wieder auf, als ich am Flughafen stand und der Tochter nachwinkte ...

16 *Jugendliche neigen dazu, Reime als Kennzeichen für Lyrik zu verallgemeinern. Stimmen Sie mir zu, wenn ich behaupte, dass der Reim meist verhindert, das tatsächlich Gemeinte ganz genau auszudrücken?*

Der Reim kann etwas Routiniertes, Gesuchtes haben. Einen überwältigenden Reim las ich als junger Mensch bei Günter Eich, dort hieß es in seinem Gedicht *Latrine*, das in einem Kriegsgefangenenlager verortet ist, „irr mir im Ohre schallen Verse von Hölderlin,/in schneeiger Reinheit spiegeln Wolken sich im Urin". Da reimte sich also Hölderlin auf Urin. Für mich klingt in den Zeilen bereits mit an, dass der Reim als etwas Rundes, Harmonisches nicht mehr passt, wenn die Welt drum herum in Trümmern liegt.

Beim Gedicht ist das Weiß um den Text herum, das Weißgebliebene, der wortlose Hallraum, das, was nicht dasteht, was aber mitschwingt, für mich wichtiger und wesentlicher als der Wohlklang oder die feste Form.

17 *Erinnern Sie sich an Ihr erstes eigenes Gedicht in Kindheit oder Jugendzeit?*

Ich erinnere mich an die ersten Gedichtbände, die ich selber gekauft habe als 18-Jähriger, die auf einem kleinen Brett über dem Bett Platz hatten und aus denen dann im Lauf der Jahre eine ganze Bibliothek wurde ... Die ersten eigenen Gedichte standen, glaube ich, 1978, in einer selbstgemacht kopierten Zeitschrift der katholischen Landjugend ...

18 *Besuchen Sie ab und zu Poetry-Slams? Was halten Sie von Slam-Poetry?*

Vor Jahren, bei irgendwelchen Baden-Württembergischen Literaturtagen, wo ich als Autor eingeladen war, habe ich im Rahmenprogramm einmal solch einen Poetry-Slam erlebt.

Wenn man die vorgetragenen Texte gedruckt vor sich hat, verlieren sie oft ihre Wirkung, die sie beim Vortrag noch hatten, werden banal, fallen in sich zusammen. Wenn ein Text nur auf den Vortrag, auf den Effekt hin geschrieben ist, hat das für mich etwas Eindimensionales, fehlt etwas …

19 *Wer sind Ihre literarischen Vorbilder?*

Das Wort Vorbild mag ich nicht so – beim Schreiben geht es mehr um Inbilder, Sinnbilder.
Es gibt die Autoren, die Meister, die mir mit ihrem Werk die Augen geöffnet, die Welt eröffnet haben.
Das wäre eine endlose Liste … Ich wüsste nur, wo ich anfangen soll: Günter Eich, Rainer Brambach, Günter Bruno Fuchs, W. C. Williams …

20 *Nennen Sie uns zum Abschluss Ihren lyrischen Lieblingsvers oder die schönste poetische Metapher?*

Als eigener Vers vielleicht: Der Felsbrocken eines Brotkrümels, wenn ihn die Ameise schleppt.
Und weil wir ein Hölderlinjahr haben, sein „Im Winde klirren die Fahnen."

Herr Sayer, ich danke Ihnen für diese wertvollen, erhellenden Gedanken und wünsche uns noch viele solcher kostbaren „Mitbringsel" wie etwa das „Suchbild" von Ihnen.

h) Arbeitet mit dem Interview:

- Fertigt eine vergrößerte Kopie der Mindmap aus dem Download an.
- Verteilt die Haupt-Zweige der Mindmap in eurer Gruppe, sodass ihr „Spezialisten" für je ein Thema seid.
- Vervollständigt die Lücken in der Mindmap. Die markierten Stellen helfen euch als „Wegweiser".
- Sammelt eure Ergebnisse auf einer gemeinsamen Mindmap und sprecht darüber, wie Walle Sayer als Poet arbeitet.

i) Verfasse einen Text, in dem du zusammenfasst, welche neuen Erkenntnisse über das Schreiben von Gedichten du aus der Arbeit mit dem Interview gewonnen hast. Beachte dieses Wissen während der Weiterarbeit.

_____

_____

_____

_____

_____

Gedichte ohne Reime – die freie Zeilenkomposition

Im Interview äußert sich Walle Sayer zur Entscheidung für eine äußere Form des Gedichts. In modernen bzw. zeitgenössischen Texten „sucht", wie er sagt, „der Inhalt sich seine Form selbst". Mit diesem Wissen erscheinen dir moderne Gedichte evtl. in einem anderen Licht. In diesem Falle kommt es also nicht darauf an, bei der Formbeschreibung auf Reim, Reimschema und Metrum zu achten. Doch sind die **Zahl der Strophen, Verse und die äußere Optik** ebenso wichtig, da diese nicht dem Zufall überlassen sind. **Freie Zeilenkomposition** ist ein möglicher Begriff für die ungleichmäßige, aber nicht beliebige Verteilung von Worten, Versen, Sätzen, Strophen. Weitere wichtige sprachliche Aspekte können fehlende, sehr sparsame oder eigenwillige Zeichensetzung, Auffälligkeiten im Satzbau oder durchgängige Kleinschreibung sein.
Als Leser muss man daher noch **konzentrierter lesen.**

j)   Hier nun eine mögliche Schreibaufgabe für eine Textbeschreibung zu Walle Sayers Gedicht *Suchbild*:

Verfassen Sie eine Textbeschreibung zu diesem Gedicht.

Insbesondere müssen folgende Aspekte zur Sprache kommen:
- äußere Form und deren Bedeutung für den inneren Aufbau
- Zusammenhang zwischen Titel, einigen wichtigen Stilmitteln und der Entfaltung des Motivs
- der Satzbau und seine Funktion
- Deutung der letzten Strophe, ausgehend vom sprachlichen Bild des „scharrenden Pferds"
- Stimmung des lyrischen Ichs

Die Textbeschreibung soll zusammenhängend und inhaltlich gegliedert dargestellt sein.
Grammatik und Rechtschreibung werden bewertet.

k)   Bearbeite zur Vorbereitung der Schreibaufgabe das Material 2, indem du rechts alle formalen, äußerlichen Kennzeichen notierst. Markiere in unterschiedlichen Farben Stilmittel aus dem Wörter-Pool. Notiere die Fachbegriffe auf der linken Seite und schreibe dort auch die Bedeutung der markierten Textstellen in eigenen Worten auf.

Lies bei Bedarf die Bedeutung der Stilmittel auf der Übersicht (im Downloadbereich) nach.

Stilmittel

Euphemismus – lyrisches Ich – Metapher – Motiv – Vergleich

---

l)   Wähle aus den folgenden Strophen-Überschriften pro Strophe jeweils eine passende aus.
Notiere sie auf der linken Seite des Original-Texts.

Strophen-Überschriften

Im Zimmer der Tochter – Äußere Situation des lyrischen Ichs – Hausarbeit – Auslandsaufenthalt der Tochter – Tochter als Backpacker in Australien – Tochter in den USA – Erfahrungen der Tochter in Kanada – Lebenszeichen – Weihnachten in Übersee – Zwei Welten – Zeitverschiebung – Weit weg – In Wartehaltung – Gedankenreise – Gegensatz: hier und dort – Das Suchbild – Wie die Zeit vergeht – Wehmütige Gedanken – Traum vom Fliegen – Das wartende Pferd – Sehnsucht – Bildhafte Vorstellung eines ungeduldigen Pferds

---

m) Lies folgende Inhaltsangabe und streiche die Textstellen durch, die inhaltlich und sprachlich nicht korrekt oder ungenau sind. Schreibe eine überarbeitete Version. Ergänze fehlende Informationen. Schreibe aber keine Nacherzählung.

Der lyrische Text „Suchbild" schildert eine weibliche Ich-Person, die im Zimmer der Tochter eine Pause vom Putzen macht. Dabei entdeckt sie ein Foto von ihrer Tochter als kleines Mädchen auf einem Pony. Das Kind will unbedingt ein Pony haben. Die Mutter denkt daran, wie es der Tochter in Australien geht und welche Abenteuer sie besteht. Das Traumpferd ist ungeduldig.

_____

_____

_____

_____

n) Ergänze in der ersten Zeile der Tabelle zum Einleitungssatz auf Seite 49 oben das Thema des Gedichts *Suchbild*. Schreibe mit den dort aufgeführten Daten eine vollständige Einleitung zur Textbeschreibung.

_____

_____

_____

o) Beschreibe die Form und den Aufbau des Gedichts, indem du die Lücken in folgendem Text ausfüllst.

Der poetische Text wirkt rein äußerlich _____. Es ist schnell zu

erkennen, dass er in moderner _____ verfasst ist. Sieben Strophen umfassen

eine _____ Zahl von Versen. Eher regelmäßig wirken die Strophen 3 und 5, da

sie _____ bestehen. Die Strophen 2 und 6 sind mit _____

Versen _____ als die anderen. Inhaltlich bestehen sie aus einer _____

Aufzählung und genaueren _____. Die Strophen _____ fallen

wegen _____ auf. Dabei wirken die

_____ Strophe wie eine Art Rahmen: Während die _____ eine zunehmende

Verslänge aufweist, nehmen die Zeilen der _____ Strophe ab. Der _____ Vers

bekommt dadurch eine besondere _____.

p) Da in der Reihenfolge der Teilaufgaben eine sprachliche Untersuchung folgt, bietet es sich an, diese hier anzuschließen. Betrachte also den Satzbau und leite daraus eine Funktion ab. Schließe wieder die Lücken.

Spätestens beim lauten Lesen fällt auch die ungewohnte Zeichensetzung auf. Obwohl Punkte gesetzt

sind, bestehen die Strophen _____ aus _____. Vermutlich

wollte der Autor mit der fast atemlos wirkenden _____

die bruchstückhaften _____ des Elternteils ausdrücken. Ledig-

lich die _____ Strophe besteht aus einem korrekten _____. Sie beinhaltet

eine Art _____.

q) In der Schreibaufgabe ist der Zusammenhang **zwischen äußerer und innerer Form** gefordert. Unterstreiche im Text der Aufgabe o) die Stellen, die die innere Form, also die inhaltliche Entfaltung betreffen.

r) Der innere Aufbau, der Titel und das Grundmotiv des Gedichts hängen eng miteinander zusammen. Beschreibe zunächst die Mehrdeutigkeit des Titels. Was assoziierst du mit einem Suchbild?

Suchbild: _____

_____

_____

Wer sucht in diesem Text? Ist das Geschlecht der Figur/Person eindeutig zu ermitteln? Lies nochmals im Interview nach. Was wird gesucht?

suchende Figur/Person: _____

Gesuchtes: _____

Beschreibe die Entwicklung des Inhalts der sieben Strophen in eigenen Worten. Nimmt der Inhalt dabei eine bestimmte Richtung, hat er ein Ziel?

_____

_____

_____

_____

Beschreibe das Motiv des Textes in einem Satz.

_____

_____

s) Im Folgenden wird beispielhaft die letzte Strophe beschrieben. Damit werden die letzten beiden Teilaufgaben der Schreibaufgabe bearbeitet.

Beachte dazu die Lernkarte 5 auf Seite 73.

- Vervollständige die Lücke mit dem von dir gewählten Titel für Strophe 7.
- Unterstreiche die wichtigen inhaltlichen Erkenntnisse in der Beschreibung.

Der Inhalt der letzten Strophe kann mit _____ überschrieben werden. Sie hebt sich von den anderen ab, indem die Perspektive und das Thema wechseln. Zentrale Figur ist „Das Pferd" (V. 20). So kann sich der Leser fragen, ob das Pferd auf dem Foto das eigene sei, was aber im darauffolgenden Relativsatz verneint wird. Als Mädchen „träumte" (V. 20) die Tochter davon, „bekam" (V. 21) es aber nie. Der Wechsel von diesem Rückblick in die Vergangenheit in die Gegenwart, die mit der Tempusform Präsens veranschaulicht wird, schafft weitere Verwirrung. Das ersehnte Pferd wirkt wie real, indem es „mit dem rechten Vorderhuf" (V. 22) „scharrt" (V. 21). Das Verb im Indikativ, also in der Wirklichkeitsform, und das Zeitadverb „jetzt" (V. 21) verstärken dieses starke, fast tagträumerische Vorstellungsbild – fast so, als stünde es im Zimmer. Anhand dieser eindrücklichen Metapher scheint das lyrische Ich sagen zu wollen: „Wo bleibst du? Komm endlich zurück!" Die innere „Handlung", die die gesamte poetische Momentaufnahme umfasst, gipfelt daher in diesem Höhepunkt.

t) Nun bist du wieder an der Reihe!
Verfasse auf einem separaten Blatt eine eigene Beschreibung der letzten Strophe. Dazu kannst du einige (aber nicht zu viele) Textstellen aus dem Beispiel in s) übernehmen oder umformulieren. Ergänze nach diesem Abschnitt in einer neuen Zeile einen Satz über die Textaussage.

Vorsicht! Das Gedicht sagt etwas aus. Beschränke dich also darauf. Eine Absicht des Autors herauslesen zu wollen, kann schiefgehen. Beachte Lernkarte 7.

Ein reflektierter Schluss ziert alles!

Oft bleibt nicht viel Zeit für den **Schlusskommentar**. Er ist aber neben Einleitung und Inhaltsangabe eine Visitenkarte, die dein zusammengefasstes Textverständnis und deine **gedankliche „Verarbeitung"** zeigt. Nimm dir daher Zeit dafür. Empfehlenswert für den groben Aufbau des Schlusses: Beginne mit der Textaussage (falls nicht am Ende des Hauptteils bereits formuliert) **oder einer kritischen Würdigung des Wesensgehalts** des Gedichts. Daraufhin beschreibst du die **Wirkung auf dich**, möglicherweise auch die **vorstellbare Wirkung auf eine größere Leserschaft** (z. B. junge Menschen deiner Altersgruppe) und beziehst das Thema bzw. das Motiv des Textes auf deine **Lebenswelt und Erfahrung**. Hier kann sich eine **kleine Erörterung** anbieten (z. B. im Falle des Gedichts *Suchbild* die Frage, was Auslandsaufenthalte nach der Schule oder Ausbildung für beide, Eltern und junge Erwachsene, bedeuten können). Um die Textbeschreibung abzurunden, ist es eindrucksvoll, wenn ein **passendes Zitat** (das nicht dem Text entstammt) ans Ende gesetzt wird.

u) Schreibe einen Schlusskommentar auf einem separaten Blatt. Verwende dazu folgende Hilfen und recherchiere ein passendes Zitat oder eine Zeile aus einem dir bekannten Song.

Auswahl zur Würdigung der Textaussage

verbreitetes Thema/Problem – Erkenntnis, wie schnell Kinder erwachsen werden – erste Ablösung aus dem Elternhaus – Selbstständigkeit – schwieriger Loslösungsprozess für Eltern – Klarheit über Eltern-Kind-Beziehung durch die Distanz – andere Perspektive, die für gegenseitiges Verstehen wichtig ist – Verbindung verschiedener Eindrücke wirft ein Licht auf Sehnsucht – Vergegenwärtigung der Sehnsucht durch das metaphorische Suchbild – usw.

Beziehe die Lernkarte 8 in deine Überlegungen ein. Ein Austausch mit einem Elternteil über dieses Gedicht und das Thema kann dir weitere wichtige Impulse geben.

Impulse für die mögliche Wirkung auf Leser

Als Jugendlicher/junger Erwachsener kann man sich nur schwer in Eltern versetzen – Erkenntnis, welche Dinge wichtig sein können (Fotos, Briefe usw.) – melancholische Stimmung (bildhafte Vorstellung, wenn Elternteil so versonnen auf dem Bettrand sitzt) – Auslandsaufenthalt als eigener Wunsch für später – Betroffenheit über Wirkung auf Elternteil – usw.

Material 3

Erde[1]

Elke Oertgen (1936–2012)

1 Zeitlebens sind wir Gäste
2 der Erde,
3 die uns nährt und trägt
4 und uns annimmt
5 im Tod, der großen Anverwandlung
6 an ihren Staub.
7 Wir hätten Grund,
8 sie zärtlich zu lieben
9 und das Gastrecht zu achten.
10 Wir haben nur
11 diese eine Erde.

12 Wir schlagen ihr Löcher ins Fleisch,
13 rasieren von ihrer Haut
14 die Wälder,
15 und in die Wunden gießen wir
16 den alles erstickenden Asphalt.

17 Wir Herren der Erde
18 Räuber mit Wegwerflaunen,
19 plündern sie aus
20 über und unter Tag.
21 Schatzgräber ohne Maß.
22 Mag sie verenden am Gift
23 zu Wasser, zu Lande
24 und in der Luft,
25 wie die Fische verenden
26 und Wasservögel
27 mit Öl im Gefieder.
28 Der Heilige Franz,
29 der ihre Sprache verstand,
30 nannte sie Brüder.

31 Der Erde
32 bleibt im Gedächtnis,
33 was wir ihr antun
34 und ihren Geschöpfen.

35 Nach uns
36 die Sintflut.

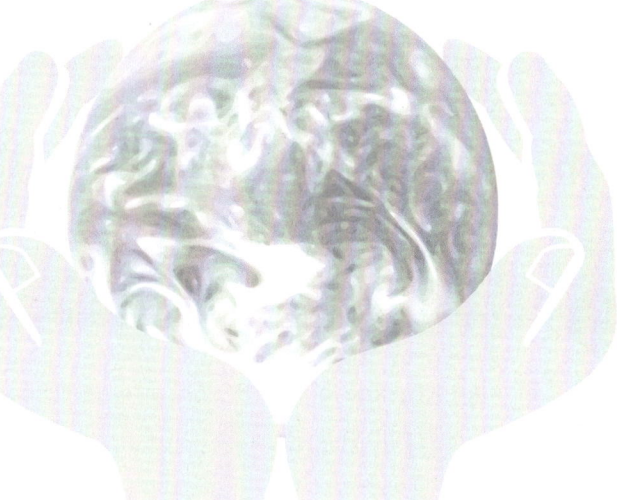

---

1   Oertgen, Elke: Erde. In: Peter Cornelius Mayer-Tasch (Hrsg.): Im Gewitter der Geraden. Deutsche Ökolyrik 1950–1980.
     München: Beck 1981, S. 38.

⊃ Aufgaben

a) Lies den lyrischen Text.

b) Notiere spontane Eindrücke. Wähle dazu aus folgenden Formulierungsimpulsen aus.

Das Gedicht erzeugt eine _____ Stimmung.

Der lyrische Text lässt den Leser _____ zurück.

Auf mich wirkt _____.

Besonders die Verse _____ schaffen eine

_____ Stimmung.

Mich irritiert _____.

Ich fühle mich _____.

Elke Oertgen drückt _____ aus.

c) Bereitet den Text auf einer Kopie in gewohnter Weise für einen Vortrag vor. Stellt euch dabei vor, eine berühmte Person unserer Zeit würde ihn vor großem Publikum zu Gehör bringen.
Lest den Text jeweils vor Gruppen vor.

d) Sprecht über die Wirkung der Lesevorträge. Fertigt Stichworte dazu an.

e) Verfasse einen Text mit drei Sätzen zur Wirkung des Gedichts. Beziehe dazu die Eindrücke aus b) und d) ein.

f) Bearbeite den Text:

- Markiere Auffälligkeiten zu Form, Aufbau, Sprache, Stil und Inhalt.
- Notiere auf der linken Seite neben dem Text Überschriften zu den einzelnen Strophen und die Stilmittel.
- Vermerke auf der rechten Seite Notizen zu Form, Aufbau und Sprache.

g) Tauscht eure Ergebnisse aus. Ergänzt fehlende Beobachtungen.

h) Klärt folgende Inhalte. Bezieht erforderlichenfalls das Internet mit ein.

- Was kannst du über das berühmte Zitat (V. 35 f.) erfahren? In welchem Zusammenhang wurde es geäußert?

_____

_____

- Welche Bedeutung hat es als geflügeltes Wort?

_____

_____

- Wer war der Heilige Franz (V. 28)? Warum wird er hier erwähnt?

_____

_____

i) Auch die folgende Schreibaufgabe zu Elke Oertgen, *Erde* orientiert sich am Aufgabentyp der Prüfung:

Verfassen Sie eine Textbeschreibung zu diesem Gedicht.

Insbesondere müssen folgende Aspekte untersucht und dargelegt werden:
- die besondere Erscheinungsweise und Funktion des lyrischen Ichs
- die äußere Form und deren Bedeutung für den inneren Aufbau
- der Stil mit besonderer Beachtung der Stilmittel/Figuren Allegorie/Symbol, Personifikation, Metapher, Vergleich
- der Inhalt und die Bedeutung der letzten Strophe im Zusammenhang mit dem Hinweis zur Herkunft des Zitats
- die Aussageabsicht des Textes in Verbindung mit der Gedichtart und Entstehungszeit
- eine Stellungnahme mit aktuellen Bezügen zur heutigen Zeit

Die Textbeschreibung soll zusammenhängend und inhaltlich gegliedert dargestellt sein. Grammatik und Rechtschreibung werden bewertet.

j) Markiere die besonders geforderten Bausteine der Gedichtbeschreibung in der obigen Aufgabe.

k) Fertige eine Gliederung nach dem folgenden Raster an.

- Markiere in der linken Spalte die Bausteine, die du in der Schreibaufgabe hervorgehoben hast.
- Ergänze dann die konkreten Einzelheiten, die du beschreiben sollst. (s. Beispiel Schluss auf S. 66)
- Notiere dann Stichpunkte aus dem bearbeiteten Originaltext bei den passenden Kategorien.
- Ergänze in der rechten Spalte allgemeine Merkmale.

> Verwende bei Bedarf die passenden Lernkarten (insbesondere die Analyse-Rückseiten).

Kategorien einer Textbeschreibung hier: Gedicht	Notizen zum vorliegenden Text/Zitate/Stilmittel usw.	Allgemeine Hinweise
1 Einleitung		
2 Hauptteil		
2.1 Titel in Verbindung mit dem Inhalt		

2.2 Inhaltsangabe		
2.3 Äußere Form Bedeutung für _____ _____		
2.4 Beschreibung der Sprache		
2.5 Beschreibung des Inhalts vor allem Strophe _____ Zusammenhang zu		
2.6 Beschreibung des Stils lyrisches Ich _____ Metapher, Vergleich, _____		
2.7 Textaussage Zusammenhang mit _____ und _____		
3 Schluss Stellungnahme mit aktuellen Bezügen zur heutigen Zeit		Würdigung der Textaussage, Bedeutung des Textes Wirkung auf den/die Leser Transfer auf die eigene Lebens-wirklichkeit, die Gesellschaft, die aktuelle Situation Charakter eines Appells, Abhilfen? Aktuelles Zitat: „Wir gehen mit dieser Welt um, als hätten wir noch eine zweite im Kofferraum."[1] (Jane Fonda, Schauspielerin)

---

1   https://www.radioeins.de/programm/sendungen/der_schoene_morgen/denkpause/20200605.html (24.06.2020)

Welche Bausteine müssen oder können beschrieben werden?

Grundsätzlich ist deine Aufgabe, eine **zusammenhängende Gedichtbeschreibung** zu verfassen. Diese umfasst vor allem die ausdrücklich genannten (und von dir markierten) Bestandteile. Der Inhalt erschließt sich jedoch nicht, wenn du etwa bei 2.5 nur die letzte Strophe erwähnen würdest. Das bedeutet: Unabhängig von der Aufgabenstellung sollte der **gesamte Text in groben Zügen inhaltlich** erschlossen sein. Bei besonderer Betonung einzelner Strophen sollten diese so ausführlich wie möglich thematisiert sein.

l) Überprüfe in dem von dir bearbeiteten Text, ob du in jeder Strophe die wichtigsten Stellen oder Wörter markiert hast, die in deiner Textbeschreibung zitiert werden müssen. Es kommt hierbei nicht so sehr auf eine schöne Optik, sondern auf die für dich optimale Übersichtlichkeit an. Die Bearbeitung wird nicht bewertet. Solltest du jedoch beispielsweise nicht fertig werden, könnte es sein, dass deine Vorarbeit zur Bewertung herangezogen wird.

m) Folgende Formulierungsbeispiele sind Bestandteile einzelner Bausteine der Gedichtbeschreibung zum Text *Erde*. Ergänze jeweils die Nummer der linken Tabellenspalte von S. 65 f.

Ausschnitte aus einer Gedichtbeschreibung zu Elke Oertgen, *Erde*
Ein lyrisches Ich tritt in diesem Gedicht nicht als einzelne Sprech- oder Denkfigur auf. Vielmehr wird bereits im ersten Vers eine Gemeinschaft, als Personalpronomen ein „Wir" genannt. Damit nimmt die Dichterin alle Menschen in die Pflicht. Sie verallgemeinert so, dass sich der einzelne Leser nicht entziehen kann, weil er in diese Gemeinschaft eingeschlossen ist. Damit wirkt der Text viel direkter, eigentlich wie eine Art Ansprache. (65 Wörter)
Der lyrische Text besteht aus fünf verschieden langen Strophen, wobei die Strophen 1 und 3 durch ihre Länge und die letzte durch die Kürze – einen Zweizeiler – auffallen. Die freie Zeilenkomposition lässt sich anhand der sehr unterschiedlichen Verslängen belegen. (38 Wörter)
Dieser ökolyrische Text wurde vermutlich in den 70er-Jahren verfasst, da zur damaligen Zeit die Umweltbewegung an Bedeutung gewann. Ein bestätigender Hinweis darauf befindet sich zudem in der Quellenangabe. Der Text klagt den fahrlässigen ausbeuterischen Umgang der Menschheit mit der Natur in sehr drastischer Weise an. (45 Wörter)
Der Satzbau erweist sich nach genauer Betrachtung als sehr bedeutungsvoll. Fünf Strophen bestehen aus zehn Sätzen; davon sind zwei insofern betont, als sie elliptisch formuliert sind. Verbindet man diese beiden „Schein"-Sätze, so entsteht ein kausaler Zusammenhang: „Schatzgräber ohne Maß." (V. 21) und „Nach uns / die Sintflut" (Strophe 5). Damit ist im Grunde alles gesagt. Die Anapher „Wir" zeigt die meisten Satz- und auch zwei Strophenanfänge (V. 7, 10, 12 und 17) an. Damit und mit weiteren Wiederholungen werden die Täter schonungslos an den Pranger gestellt. Zahlreiche Dreier-Figuren (z. B. „nährt" „trägt" (beide V. 3) und „annimmt" (V. 4) sowie Reihungen (Strophe 2) verdeutlichen, wie endlos die Missetaten der Menschheit sind. (111 Wörter)
Rein optisch zeigt Elke Oertgen mit der unregelmäßigen Gestalt dieses Gedichts, dass sich der Inhalt eher mit moderner ungebundener Form darstellen lässt. Reime könnten hier beispielsweise künstlich wirken, ein Metrum könnte einen festlich-getragenen Ton erzeugen. Die Versenden kennzeichnen dennoch inhaltliche oder sprachliche Sinneinheiten. Die wenigen Zeilensprünge, z. B. „Der Erde / bleibt im Gedächtnis, [...]" (V. 31 f.) erzeugen besondere Betonungen. Daher kann der Text auch nicht einfach geleiert werden, sondern liest sich im Grunde wie eine Predigt oder Rede. (80 Wörter)

Wie eine Art Denkspruch steht in der letzten Strophe „Nach uns / die Sintflut." (V. 35 f.). Dieses Zitat ist als Ellipse, also in Form eines unvollständigen Satzes – allerdings in französischer Sprache – in die Geschichte eingegangen. Beispielsweise äußerte ihn Madame de Pompadour wohl im Zusammenhang mit einem Genuss vor einer Bedrohung. Im Sinne von „Jetzt erst recht!" nimmt er fast schicksalsergeben die Sorge vor einem bevorstehenden Untergang. Häufig wird dieses geflügelte Wort aber auch dafür benutzt, fast ironisch über verursachte Fehler oder drohende Schicksalsschläge hinwegzugehen, sie sozusagen vom Tisch zu wischen. „Nach uns" kündigt bereits Unheil an, da zuvor von den irreparablen bleibenden Schäden der Erde zu lesen ist. Was also wird nach uns sein? Der letzte Vers besteht schonungslos aus nur zwei Worten: „die Sintflut". Eine göttliche Rache wird heraufbeschworen: der Weltuntergang. (133 Wörter)

Die Schlichtheit des Nomens ohne Artikel lässt mehrere Assoziationen zu. Es kann sowohl die Materie an sich, der Planet als auch die Natur gemeint sein. Bezieht man den gesamten Inhalt des Gedichts mit ein, so wird die Erde als Mutter sowie als Ursprung und Garantin des menschlichen Daseins dargestellt. (49 Wörter)

In der nächsten Strophe wird dem Leser in dramatischer Weise der zerstörerische Raubbau an der Natur vor Augen geführt. Für die gewaltsamen Eingriffe findet Oertgen Metaphern und vergleichende Bilder, die die Erde als verletzliche Person darstellen: „Löcher ins Fleisch" (V. 12), „rasieren [...] die Wälder" (V. 13 f.) und „in die Wunden [...] Asphalt" (V. 15 f.). Alle diese Untaten sind menschengemacht. Die Täter, die in dieser Strophe noch pauschal als „W/wir" bezeichnet sind, werden in der nächsten Strophe näher und drastischer benannt. (83 Wörter)

Mit dieser Aussageabsicht wirkt das Gedicht als hochaktueller Weckruf an uns alle. Stellt man sich eine Greta Thunberg als Rednerin vor, so würde uns die Anklage und Warnung direkt ansprechen. Aber auch ohne diese Vorstellung verfehlt der Text seine Wirkung nicht. Als junger Mensch fragt man sich ohnehin aufgrund der jüngsten Auftritte von Aktivisten und der Fridays-for-Future-Demonstrationen, was noch geschehen muss, damit nicht umfassendere Maßnahmen zum Schutz unserer Lebensgrundlage ergriffen werden. Elke Oertgen erreicht uns jedoch mit dem bildhaften Vergleich sehr direkt und lässt uns tief betroffen zurück. ... (89 Wörter)

n) Ermittle die unvollständigen und fehlenden Bausteine.

Es fehlen: _____

o) Verfasse die Gedichtbeschreibung auf einem separaten Blatt. Beachte auch die folgenden Hinweise zur Inhaltsbeschreibung.

Beachte die Hinweise zum Zitieren auf S. 24.

Die Inhaltsbeschreibung

Bei der Inhaltsbeschreibung helfen dir **Überschriften** für die einzelnen Strophen. Formuliere jeweils zunächst einen **Satz, der den Inhalt der jeweiligen Strophe zusammenfasst**. Wiederhole dabei aber keine Einzelheiten der Inhaltsangabe. Danach gibt es verschiedene Möglichkeiten: Vers für Vers oder ausgehend von besonders auffälligen sprachlichen bzw. stilistischen Mitteln. So kann beispielsweise der Satzbau oder eine zentrale Metapher usw. als Ausgangspunkt gewählt werden. **Deuten (oder interpretieren)** heißt, den Inhalt in eigenen Worten zu beschreiben und zu erklären, indem Zitate als „Beweise" herangezogen werden. Manchmal muss auch das Nicht-Gesagte benannt werden, also das, was Walle Sayer als „Weiß" bezeichnet hat.

Oskar Walzel gab einem seiner 13 Bände zur Literaturwissenschaft den Titel *Gehalt und Gestalt im Kunstwerk des Dichters*. **Inhalt als Gehalt** und **Form als Gestalt** trifft sehr gut, was du in der Inhaltsbeschreibung zusammenführen musst. Deine Aufgabe ist es daher, dich zu fragen, warum der Dichter/die Dichterin das Gesagte oder Gemeinte in der gewählten Form und Sprache darstellt.

Material 4

Zwei Segel[1]

Conrad Ferdinand Meyer (1825–1898)

1 Zwei Segel erhellend
2 Die tiefblaue Bucht!
3 Zwei Segel sich schwellend
4 Zu ruhiger Flucht!

5 Wie eins in den Winden
6 Sich wölbt und bewegt,
7 Wird auch das Empfinden
8 Des andern erregt.

9 Begehrt eins zu hasten,
10 Das andre geht schnell,
11 Verlangt eins zu rasten,
12 Ruht auch sein Gesell.

Im **Downloadbereich** findest du eine Aufgabenstellung im Stil der Prüfung.

⊃ **Aufgaben**

a) Lies den lyrischen Text.
   Beschreibe die äußere Form des Gedichts. Untersuche dann Rhythmus und Metrum.
   Beziehe dazu die folgende Information ein.

Metrum und Rhythmus

Das **Metrum (gr. metrón = Maß)** erhältst du, wenn du dir den lyrischen Text in Silben vorstellst und die betonten Silben mit einem Akzent (´) markierst. Man nennt die betonte Silbe **Hebung** und die unbetonte **Senkung**.

In gebundenen Texten finden sich u. a. **Metren** wie **Jambus (Steiger), Trochäus (Faller), Anapäst (Doppelsteiger) und Daktylus (Doppelfaller)**. Das **Maß** besteht daher aus einer **regelmäßigen Tonfolge** und diese wiederum aus dem **Abstand und der Anzahl der Hebungen**. Im Unterschied zum Takt in der Musik können sich aber in Gedichten die Taktarten weitaus häufiger abwechseln.

Der **Rhythmus** eines lyrischen Textes kann sich nur zum Teil aus dem **Metrum** ergeben. Er steht sozusagen über dem Metrum, da er mit **Satzbau, Versgestaltung** und sogar mit der **natürlichen Wortbetonung** zu tun hat. Die Kennzeichnungen **getragener, fließender, tänzerischer, gestauter Rhythmus** können dir dabei helfen, den Unterschied zur rein metrischen (und daher oft „leiernden", übertriebenen Betonung) zu erkennen. Außerdem hängt der Rhythmus stark vom **Inhalt des Textes** ab.

In **modernen Zeilenkompositionen** finden sich neben den genannten auch freie Rhythmen.

Ergänzend hierzu findest du Beispiele auf der Lernkarte 3.

---

1   Meyer, Conrad Ferdinand: Gedichte. Leipzig: Verlag von H. Haessler 1882, S. 150.

Material 5 – Textgrundlage zu den Lernkarten

Teste dein Wissen zuerst unabhängig davon.

Der rechte Weg (1911)

Franz Werfel (1890–1945)

1 Ich bin in eine große Stadt gekommen.
2 Vom Riesenbahnhof trat den Weg ich an,
3 Besah Museen und Plätze, habe dann
4 Behaglich eine Rundfahrt unternommen.

5 Den Straßenstrom bin ich herabgeschwommen
6 Und badete im Tag, der reizend rann.
7 Da! Schon so spät!? Ich fahre aus dem Bann.
8 Herrgott, mein Zug! Die Stadt ist grell erglommen.

9 Verwandelt alles! Tausend Auto jagen,
10 Und keines hält. Zweideutige Auskunft nur
11 Im Ohr durchkeuch' ich das Verkehrs-Gewirre.

12 Der Bahnhof?! Wo?! Gespenstisch stummt mein Fragen.
13 Die Straßen blitzen endlos, Schnur um Schnur,
14 Und alle führen, alle, in die Irre.

Im **Downloadbereich** findest du eine Beispielbearbeitung dieses Gedichts.

Daktylus

Motiv

Metapher

Lyrisches Ich

Metrum

Parallelismus

Ellipse

So viele Fachbegriffe!

Aber das Lernen lohnt sich! ☺

Lyrik-Lernkarte Schreiben 1

1 Einleitung: Basissatz

Der Basissatz nennt die wichtigen Fakten zum Werk und orientiert über das Thema:

Textsorte (notfalls lyrischer Text; ansonsten vgl. Arten von Gedichten, S. 48)

Autor/in (Vorname und Nachname)

Titel (exakte Zitierweise mit Anführungszeichen)

Thema (knapp, möglichst als Oberbegriff)

Erscheinungsjahr (s. Quellenangabe oder Angabe des Entstehungsjahres)

Quelle (verkürzte Angabe, s. Beispiel)

Hinweis: Verfasse nach Möglichkeit einen Satz mit all diesen Angaben.

Beispiel: Das Gedicht „Der rechte Weg" **von** Franz Werfel, **entstanden** 1911, **zeigt** die völlige Desorientierung und Überforderung eines lyrischen Ichs in der Großstadt.

Lyrik-Lernkarte Schreiben 2

2.1 Deutung des Titels in Verbindung mit der Inhaltsangabe (Hauptteil 1)

Eine günstige Grundlage für das Verfassen der Inhaltsangabe in Verbindung mit dem Titel sind Strophen-Überschriften.

Hinweis: Beginne mit Aussagen zum Titel und verknüpfe diese mit der Inhaltsangabe.

Beispiel: „Der rechte Weg" scheint auf den ersten Blick eine geglückte Suche nach einer Route anzukündigen. Doch geht es eher um das drohende Misslingen der Orientierung.
Ein lyrisches Ich verbringt möglicherweise zum ersten Mal einen Tag in der Großstadt. Es genießt selbstvergessen den Tag, bis es vom Abend überrascht wird. Der Schreck über die fortgeschrittene Zeit verändert die Wahrnehmung, indem die Ich-Figur den Weg zum Bahnhof durch den verwirrenden Verkehr nicht findet.

Merkmale der Inhaltsangabe: Präsens, indirekte Rede, Verzicht auf Zitate, Verwendung eigener Worte und knappe Wiedergabe

Lyrik-Lernkarte Schreiben 3

2.2 Form und Aufbau (Hauptteil 2)

Das Gedicht besteht aus vier **Strophen**, wovon die ersten beiden je vier und die beiden letzten je drei **Verse** (also zwei Quartette und zwei Terzette und somit eine Sonett-Form) aufweisen. Zwischen den Versen 8 und 9 befindet sich ein inhaltlicher Bruch, der auf einen Gegensatz, eine **Antithese** hinweist.

Die **Verslängen** wirken etwas ungleichmäßig; doch bilden die **Versenden** mit zwei umarmenden Reimen und einer strophenübergreifenden Form ein besonders kunstvolles **Schema: abba, abba, cde, cde**.

Das **Metrum** ist überwiegend ein Jambus mit fünf Hebungen. Wechsel und Störungen im Rhythmus tauchen an Stellen innerer Aufregung des lyrischen Ichs auf. So zeigt sich auch formal der Wechsel vom beschaulichen Tag zum aufwühlenden Abend.

Lyrik-Lernkarte Schreiben 4

2.3 Sprachanalyse (Hauptteil 3 oder 4)

In Bezug auf **Rechtschreibung** (Orthografie) und **Zeichensetzung** (Interpunktion) fallen die großgeschriebenen **Versanfänge** sowie die **Ausrufezeichen** auf, die zudem an drei Stellen **mit Fragezeichen kombiniert** sind.
Die wie innere Ausrufe wirkenden **emphatischen Kurzsätze** „Da! Schon so spät!?" (V. 7) und „Der Bahnhof?! Wo?!" (V. 12) bilden einen Kontrast zu den **langen Sätzen** der V. 1 bis 6. Es bricht Aufgeregtheit in eine eher heiter-geruhsame **Stimmung** ein.
Inversionen und eine **Elision** („durchkeuch'", V. 11) unterstützen das Metrum und das bereits erwähnte Reimschema.
Die **rhetorische Frage** „Schon so spät!?" (V. 7) kündigt das kommende Unheil an. Diese **Wende** zeigt sich auch in der **Wortwahl**: Beschauliche, positiv besetzte **Verben und Adjektive** dominieren die beiden Quartette, während die Terzette sprachlich Bedrohung und Verzweiflung ausdrücken.
In diese Ausweglosigkeit zieht die **Ich-Perspektive** den Leser.

Lyrik-Lernkarte Analyse 1

1 Die Einleitung: Angaben und Thema

Die Bestandteile der Einleitung (TATTEQ) ermittelst du durch folgende Fakten.

Textsorte: Der Gattungsbegriff für Gedichte ist Lyrik. „Lyrischer Text" ist eine Möglichkeit; besser ist die genaue Benennung der Gedichtart (vgl. S. 48).
Bisher kamen in der Realschulabschlussprüfung meist Gedankenlyrik, Songtexte, seltener Öko-lyrik vor.

Autor/in und Titel lassen sich leicht ermitteln.

Thema: Schwieriger ist es, das oder ein passendes Thema herauszufiltern. Lass Nebensächliches weg und betrachte das große Ganze.
In Franz Werfels Gedicht liegt das Thema *Groß-stadt* nahe, zumal es in der Epoche Expressionismus neben Krieg und Verzweiflung an der Zeit sehr verbreitet war.

Erscheinungsjahr und Quelle entnimmst du der Quellenangabe. Diese kann gekürzt werden.

Lyrik-Lernkarte Analyse 2

2.1 Titel in Verbindung mit der Inhaltsangabe

Die **Leitfragen** für diesen Teil deiner Textbeschreibung lauten: Was hat der Titel mit dem Text zu tun? Warum wurde er so formuliert?

Auch **bei fehlendem Titel** kann eine Aussage gemacht werden, warum möglicherweise darauf verzichtet wurde.

Der Titel kann über den Inhalt des Gedichts **Aufschluss** geben, kann aber auch **irritieren**.

Es kann lohnenswert sein, zunächst aufgrund von **Assoziationen** (Brainstorming) eine Art **Hypothese** aufzustellen. Diese muss dann im Übergang zur Inhaltsangabe **bestätigt oder widerlegt** werden.

Merksatz: Der Titel ist ein Wegweiser in den Text. Folge also diesem „Leitsystem".

Hinweis: Beachte die dazugehörige Markierung mit Pfeilen im Originaltext.

Lyrik-Lernkarte Analyse 3

2.2 Äußere Gestalt – gebundene und freie Form

Stelle dir eine Kontur um das Gedicht vor.

Gebundene Form: Strophen, Verszahl und Verslängen wirken geordnet; das Metrum kann regelmäßig, vielleicht sogar durchgängig dasselbe sein. Folgende Metren werden unterschieden:

Jambus: x x́   Beispiel: A<u>kzent</u>
Trochäus: x́ x   Beispiel: <u>Bei</u>de
Daktylus: x́ x x   Beispiel: <u>Fuß</u>ballplatz
Anapäst: x x x́   Beispiel: um die <u>Welt</u>

Versakzent (Betonung) und Sinnakzent (Wortinhalt) können voneinander abweichen.

Der **Rhythmus** kann gleichmäßig wirken, obwohl das Tempo abwechseln kann.

Reime/Reimarten:
Kreuzreim **abab**
Paarreim **aabb**
umarmender Reim **abba**
Schweifreim **aabccb**

}   Ein Reimschema liegt nur bei Regelmäßigkeit vor.

Ungebundene Form: unregelmäßige, aber nicht beliebige Zeilenkomposition. Reimlosigkeit.

Lyrik-Lernkarte Analyse 4

2.3 Sprachbetrachtung

Die **Trennung von Sprache und Stil** erleichtert die Unterscheidung von Grammatik und Ausdrucksweise.

Orthografie/Zeichensetzung: korrekte Schreibweise (selten durchgängige Kleinschreibung), evtl. Großschreibung des Versbeginns, normgerechte Zeichensetzung

Satzbau und Satzebene: (un-)vollständige Sätze, Anzahl, Zusammenhang mit Strophen, Ellipsen, Inversionen, Zeilensprünge; Satzarten: rhetorische Fragen, Ausrufe, Emphase usw.

Wortarten und Wortwahl: Häufungen von Verben, Adjektiven; Interjektionen (Ausrufe), Anaphern, Wortwiederholungen usw.

Grammatische Auffälligkeiten Wortebene: Elisionen (häufig wegen Metrum oder Umgangssprache), Neologismen, seltene Wörter, veraltete Formen usw.

Textebene: Tempus bzw. Modus und deren Wechsel; Perspektive (Ich-Perspektive, personale bzw. neutrale Perspektive) usw.

Lyrik-Lernkarte Schreiben 5

2.4 Strophenweise Beschreibung des Inhalts (Hauptteil 3 oder 4)

Die erste Strophe beinhaltet den **Rückblick** eines lyrischen Ichs auf die **Ankunft in einer Großstadt und deren Besichtigung. Ort und Zeit** sind nicht bekannt. Im ersten von zwei Sätzen zeigt sich am **ersten Wort**, dem Personalpronomen **„Ich"**, bereits die Ich-Bezogenheit und **Subjektivität** dieser Erfahrung. Der zweite Satz beginnt mit einer **Inversion** und der **Hyperbel** „Riesenbahnhof" (V. 2). Das Ich scheint beeindruckt von der Größe, genießt aber „Museen und Plätze" (V. 3) sowie die „Rundfahrt" (V. 4).

Den eher gemütlichen Ablauf zeigen zum einen der **Zeilensprung**, der die Verse 3 und 4 wie fließend verbindet, sowie das **Adverb** „behaglich" an.

Werfel wählte die **Tempusformen** Perfekt und Präteritum. Das **Perfekt (Vorgegenwart)** belegt, dass die Erlebnisse an die Gegenwart des Besuchers heranreichen und nicht abgeschlossen sind.

Lyrik-Lernkarte Schreiben 6

2.5 Stilanalyse (Hauptteil 5)

Der Stil des Gedichts ist durch eine starke Bildhaftigkeit gekennzeichnet. Vor allem in der zweiten Strophe setzt ein Vergleich mit dem Fluss der Zeit ein: Die Hyperbel „Straßenstrom" (V. 5) gibt dabei den Ton des Leitmotivs an. Es kann anhand der Metaphern „herabgeschwommen" (V. 5) und „badete im Tag" (V. 6) mit einem erholsamen Sich-treiben-Lassen umschrieben werden. Das Ende dieser Erholung zeichnet sich mit der metaphorischen Bezeichnung „fahre aus dem Bann" (V. 7) ab. Der Schreck fährt der Figur nach dieser Gefesseltheit in die Glieder.

Zeithinweise ergeben sich durch das Adverb „spät" (V. 7) und die bildhafte Umschreibung für die im Abendlicht erleuchtete Umgebung [„grell erglommen" (V. 8)]. Die Wahrnehmung des Ichs wechselt ins Gegenteil, indem maßlos überzeichnet wird: „alles" und „Tausend Auto" (V. 9), „Verkehrs-Gewirre" (V. 11), „alle [...], alle" (V. 14). Die personifizierten „Straßen blitzen endlos" (V. 13) „Und alle führen [...], in die Irre."(V. 14). Die Hilflosigkeit des Ichs ist auf dem Höhepunkt.

Lyrik-Lernkarte Schreiben 7

2.6 Textaussage (Hauptteil 6 oder Schluss 1)

Hinweis: Es ist möglich, dass zusätzlich zum Gedicht eine Kurzbiografie des Autors angegeben wird. Daher sind nachfolgend zwei Versionen einer möglichen Textbotschaft ausformuliert.

Version 1 (mit biografischen Kenntnissen):
Franz Werfel kannte Großstädte zu Beginn des 20. Jahrhunderts. Die im Gedicht beschriebene Atmosphäre zeigt eine bedrückende Auswirkung auf den Einzelnen. Das Individuum scheint förmlich in dieser Umgebung unterzugehen. Das Ich ist hilflos und ver(w)irrt.

Version 2 (ohne biografische Kenntnisse):
Der lyrische Text zeigt eindrücklich, wie drastisch sich das verwirrende Großstadtleben auf ein Individuum auswirken kann. Der letzte Vers veranschaulicht die Ausweglosigkeit.

Lyrik-Lernkarte Schreiben 8

3 Der Schluss: Stellungnahme mit Transfer

Die Textaussage vermittelt ein Bild der Großstadt zur Zeit der Entstehung des Textes. Perspektive und Ausdrucksweise erzeugen beim Leser eine mitfühlende Betroffenheit. Zwar ist man als Jugendlicher größere Städte eher gewohnt. Doch kann ich mir vorstellen, wie ich mich in einer Metropole wie etwa New York oder Tokio fühlen würde: ohne elektronische Hilfsmittel verunsichert, wenn nicht sogar verloren. Dennoch findet heutzutage in vielen eher strukturarmen Regionen Deutschlands eine starke Abwanderung in die Städte statt. Dort sind u. a. Wohnungsnot und Vereinzelung der Menschen an der Tagesordnung. Erst kürzlich las ich in der Zeitung von der zunehmenden Vereinsamung – sogar auch junger Erwachsener. Ob also das Stadtleben ein dauerhaft erfülltes Leben gewährleistet, ist zumindest für mich sehr fraglich. Ausflüge oder Aufenthalte in größeren Städten möchte ich jedoch nicht missen.

Lyrik-Lernkarte Analyse 6

2.5 Stil – vgl. dazu die Übersicht

Der **Stil eines Textes** insgesamt kann die **Sprach-ebene**, also etwa die Unterscheidung von Um-gangs- oder Alltagssprache, von poetischer bzw. dichterischer oder gehobener bzw. Bildungsspra-che betreffen.

Die **stilistische Gestaltung** eines Textes lässt sich nicht immer von der sprachlichen unter-scheiden. Doch sind mit Stilmitteln poetische oder rhetorische **Ausdrucksweisen** gemeint, die eine bildhafte oder hervorhebende Wirkung erzielen.

In der **linken Spalte des bearbeiteten Gedichts** (im Downloadbereich) sind Stilmittel vermerkt, die dem Erleben des lyrischen Ichs eine beson-dere Bildhaftigkeit verleihen: Hyperbeln, Meta-phern, Motive sowie Notizen zur literarischen Epoche/Entstehungszeit.

Lyrik-Lernkarte Analyse 5

2.4 Inhaltliche Besonderheiten – Entfaltung und Entwicklung des Inhalts

Nach der Inhaltsangabe beginnt ein **neuer Ab-schnitt** (ohne Leerzeile) mit der ersten Strophe.

Formuliere mithilfe der **Strophen-Überschrift** einen Satz über den Inhalt. Danach kannst du die erkennbaren Sinneinheiten, also **Sätze oder Verse**, deuten. Dabei beziehst du **Auffälligkeiten** wie Stilmittel, Sprache usw. ein. Zitiere nicht jedes Wort, sondern wähle die **Besonderheiten** aus, die du **nicht auch noch an anderer Stelle** der Textbeschreibung erwähnst.

Bedenke stets die Frage: **Was drückt die/der Autor/in inhaltlich mit welchen stilistischen und sprachlichen Mitteln aus?** Abschließend kannst du auf den inneren Aufbau der Strophe im Verhältnis zum gesamten Text eingehen, z. B. Grundsituation, Entwicklung, Steigerung, Höhepunkt, Zuspitzung usw.

Lernkarte Analyse 8

3 Atmosphäre – Wirkung – Transfer

Hinweis: Achte bei einem der Lesedurchgänge auf die Textstellen, die dich besonders beeindrucken. Es sind solche, die bei dir Gefühle gleich welcher Art auslösen.

Stelle folgende Fragen:
- Wie fühle ich mich als Leser bezüglich der Perspektive des lyrischen Ichs?
- Kann ich dessen Innenwelt nachvollziehen, verstehen, begreifen?
- Kenne ich dieses Thema/Problem in irgendeiner Weise auch?
- Wie kann ich es auf meine Situation/mein Leben übertragen?
- Ist es auch für andere/die Gesellschaft wichtig?
- Wie kann Abhilfe geschaffen werden?

Wichtig: Diese Erschließungsfragen hängen jeweils vom Thema und der Art des Gedichts ab. Bei einem Liebesgedicht oder einem Naturge-dicht sind es natürlich andere Aspekte.

Lernkarte Analyse 7

2.6 Ermittlung des „Gehalts": Textaussage bzw. Textbotschaft

Die Textbotschaft ermittelst du nach der gesam-ten Vorarbeit. Überfliege deinen markierten Text nach Wortfeldern und in der Inhaltsbeschreibung die Hauptaussagen in Verbindung mit stilisti-schen und sprachlichen Auffälligkeiten. Stelle dir die Frage: Welche Botschaft, in diesem Falle auch: welches Problem, stellt der Text dar bzw. vermittelt er? Nutze evtl. Bezüge zu Autor und Entstehungszeit.

Franz Werfel erlebte die Umwälzungen, die nach der Industrialisierung u. a. mit der Verstädter-ung und deren Auswirkungen auf den Menschen den Beginn des 20. Jh. markierten. **1910** lernte er Hamburg kennen, kehrte aber **1911** zum Militär-dienst wieder in seine Geburtsstadt Prag zurück. Beide Städte können also seine Eindrücke von der **Anonymität und Hektik der Großstädte** geprägt haben. Die damals vorherrschende Literatur-epoche **Expressionismus** war u. a. gekennzeich-net durch Themen wie diese. Werfel war sein Leben lang mit **Franz Kafka** befreundet.

Übungen zum Wahlteil – Prüfungsteil B
Teil III: Textbeschreibung Prosa

Auf den Seiten 93–96 findest du die Lernkarten zur Prosa.

Vorbemerkungen

Die **dritte Wahlaufgabe** hat als Grundlage eine (kurze) Prosa, d. h. einen erzählenden Text. Prosa ist ein Oberbegriff für viele Textsorten. Einige davon finden als **Materialien** Verwendung; weitere werden in einer Übersicht vorgestellt. Bis zur 10. Klasse sind dir diese bereits in irgendeiner Form begegnet.

Wie im vorigen Kapitel zu Lyrik geht es auch in dieser Schreibaufgabe um eine **Textbeschreibung**.

Der **grobe Aufbau** beider Textbeschreibungen (also Lyrik und Prosa) ist **ähnlich**, aber nicht gleich. Das folgende Kapitel baut daher zum einen auf manchen Kenntnissen auf, zum andern wird es um die **Bausteine** erweitert, die **speziell für Prosa** zutreffen.

Anhand des ersten Textes wiederholst du die Bearbeitung von Originaltexten. Darüber hinaus lernst du besondere Kennzeichen von Erzähltexten kennen und diese von **Text 2** zu unterscheiden.

Der dritte Text hat einen besonders auffälligen Aufbau. Dieser wirft auch die Frage nach der tatsächlichen, also autobiografischen Beteiligung einer Autorin oder eines Autors durch realistisch wirkende Einzelheiten auf.

Im vierten Text, der im Downloadbereich angeboten wird, muss der Leser zwischen uneigentlichem und eigentlichem Sprechen, also der Bild- und der Bedeutungsebene, unterscheiden. Zugleich gibt der Text Rätsel auf, deren Lösung man sich nur mit Biografie-Wissen zum Autor nähern kann.

Der fünfte Text dient überwiegend der selbstständigen Übung.

Die vorgeschlagenen Aufgaben, wie sie in der Abschlussprüfung gestellt sein könnten, geben dir Hinweise, welche Bestandteile einer Textbeschreibung du bearbeiten musst. Das können Arbeitsaufträge zu den Analysekategorien im **Werkzeugkoffer** (s. unten) sein. Hinzu kommen inhaltliche Impulse, die auf besondere Zitate, Stilmittel oder inhaltliche Aspekte und deren Bedeutung verweisen. Also: Textdetektive sind gefragt!

Werkzeugkoffer zur Textbeschreibung Prosa			
Gattung Epik: Prosa Textsorte Merkmale	**Thema:** Titel und Lesererwartung	**Äußere Form und Aufbau:** Abschnitte, Rahmen-/ Binnenerzählung	**Inhaltswiedergabe:** W-Fragen Handlung
Erzähler: Erzählform Erzählerrede Perspektive	**Figuren:** Charakterisierung Figurenrede Konstellation	**Innerer Aufbau:** Handlungsentwicklung Verwicklung Konflikt (keine) Lösung	**Zeitgestaltung:** Erzählzeit/erzählte Zeit Reihenfolge Sprünge
Orte/Räume: (nicht) konkret	**Sprachbeschreibung:** Wort-, Satz-, Textebene	**Stilbeschreibung:** aussparend, eher ausführlich, Bild- und Bedeutungsebene	**Erzählton:** Aussageweise Atmosphäre

Material 1

Hermann-Josef Schüren (geb. 1954)[1]

1 Sie mag es verrückt. Sie verrückt. Ihre Möbel.
2 Das ist stets eine Art Umzug für sie. Ein Neuanfang.
3 Noch steht das Bett nicht an seinem Platz. Die Kommode
4 kann unmöglich da stehenbleiben. Das Fenster muß atmen
5 können. Der Schreibtisch wirkt, wenn er so dasteht, wie ein
6 Grabstein.
7 Sie will Platz. Und licht soll es sein.
8 Sie schiebt, zerrt und keucht.
9 Auch die Bilder wird sie umhängen müssen. Das Poster mit
10 den fliegenden Broten kann sie nicht mehr sehen. Die Bücher
11 müssen umgruppiert werden. Das ganze Regal könnte
12 woanders stehen. Und die Reiseandenken wird sie endlich
13 irgendwo verstauen. Das ist alles zu lange her.
14 Sie steht im Türrahmen und betrachtet prüfend das Zimmer.
15 Nein. So geht es nicht. Nichts stimmt. Die Gegenstände haben
16 ihre Verbindung verloren. Untereinander und zu ihr.
17 Sie steht, schaut und wünscht sich mit einemmal kahle Wände
18 und karge Möblierung. Nur das Allernötigste. Eine Art Zelle.
19 Mit Bett, Stuhl und Tisch. An der Decke eine Glühbirne. Der
20 Rest verschwindet vorläufig auf dem Speicher.
21 Sie schiebt, zerrt und keucht.
22 Sie hebt den schweren Schreibtisch an einer Seite und zieht ihn
23 hinter sich her. Das gibt böse Kratzer auf dem Holzboden.
24 Endlich steht er richtig. Sie ist zufrieden. Sie schaut sich um. Die
25 Gegenstände haben ihr Gewicht verloren. Die Schwere.
26 Der Schreibtisch versperrt den Eingang.

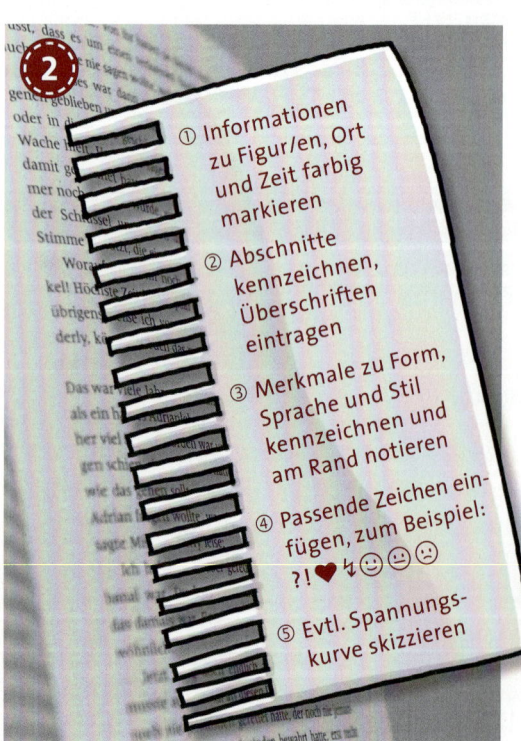

① Informationen zu Figur/en, Ort und Zeit farbig markieren

② Abschnitte kennzeichnen, Überschriften eintragen

③ Merkmale zu Form, Sprache und Stil kennzeichnen und am Rand notieren

④ Passende Zeichen einfügen, zum Beispiel:
?! ♥ ↯ ☺ ☺ ☹

⑤ Evtl. Spannungskurve skizzieren

⮎ **Aufgaben**

a) Lies den Erzähltext zweimal und „kämme" den Text mit dem Lesekamm nach wichtigen Informationen durch.

b) Notiere deine Erwartungen an den Text, die du beim Lesen des ersten Satzes (Z. 1) hattest.

„Sie mag es verrückt."

1   Schüren, Hermann-Josef: Rührmichnichtan. Verweigerungsgeschichten. Rowohlt, Reinbek bei Hamburg, 1988, S. 65.

c) Trage zu jedem Handlungsschritt eine stichwortartige Überschrift ein (vgl. Lesekamm Nr. 2).
   Notiere diese wie folgt:

   1) Z. 1   – Z. ___ : _____

   2) Z. ___ – Z. ___ : _____

   3) Z. ___ – Z. ___ : _____

   4) Z. ___ – Z. ___ : _____

   5) Z. ___ : _____

d) Finde drei mögliche Titel für diesen Erzähltext.

   1) _____

   2) _____

   3) _____

> Weniger ist mehr! Beschränke dich auf **maximal fünf** Handlungsschritte.

e) Skizziere einen Handlungsverlauf. Wähle einen der folgenden Vorschläge aus und ändere ihn gegebenenfalls
   nach deinen Vorstellungen ab. Ordne die Nummern aus Aufgabe d) den entsprechenden Stellen der Kurve zu.

 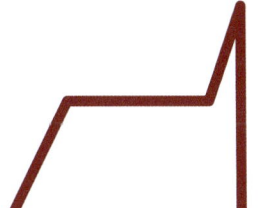  

Deine Spannungskurve:

f) Betrachte den ersten und den letzten Satz des Prosatextes nochmals genauer. Vergleiche den Beginn und das
   Ende deiner Kurve damit. Begründe die Niveaus (Höhe) am Anfang und am Schluss.

   Niveau am Anfang: _____

   _____

   Niveau am Ende: _____

   _____

g) Vergleiche die Überschriften aus c) mit den Titel-Vorschlägen aus d). Überdenke die Wahl nochmals und entscheide dich für einen (evtl. auch anderen) Titel.

   Titel-Vorschlag: _____

h) Formuliere zu diesem Text eine Einleitung zu einer Textbeschreibung. Lass für den Titel in der entsprechenden Zeile etwa fünf Zentimeter frei. Ergänze ihn später.

_____

_____

_____

_____

i) Verbinde folgende Zitatstellen mit dem passenden Fachbegriff für sprachliche und stilistische Mittel. Verwende dazu die Stilmittel-Übersicht aus dem Downloadbereich. Überprüfe sie im bearbeiteten Text:

1	„verrückt"; „verrückt" (Z. 1)		U	Personifikation
2	„Noch steht das Bett nicht an seinem Platz." (Z. 3)		U	Vergleich
3	„Fenster muß atmen" (Z. 4)		R	Inversion
4	„wie ein Grabstein" (Z. 5 f.)		E	Metapher
5	„Gegenstände haben ihre Verbindung verloren." (Z. 15 f.)		E	Wortspiel
6	„Untereinander und zu ihr." (Z.16)		K	Vergleich und Ellipse
7	„Eine Art Zelle." (Z. 18)		N	Parallelismus
8	„böse Kratzer" (Z. 23)		G	Wiederholung
9	„Sie ist zufrieden. Sie schaut sich um." (Z. 24)		R	Personifikation
10	„Sie schiebt, zerrt und keucht." (Z. 8 und 21)		C	Ellipse

j) Ordne die Kennbuchstaben hier ein und ergänze den ersten Buchstaben des Lösungsworts. Es ergibt den Titel des Erzähltextes. Trage diese Überschrift in die Lücke deiner Einleitung sowie über dem Text ein.

1	2	3	4	5	6	7	8	9	10
E				E					

k) Vergleiche den Titel mit deinen Vorschlägen. Wie ist er gemeint? Beschreibe die Bedeutung des Wortes. Stelle einen Zusammenhang zum gesamten Text her.

_____

_____

l) Nenne Synonyme für folgende eher weniger gebräuchliche Wörter:

Z. 3: Kommode _____

Z. 7: licht _____

Z. 17: mit einemmal _____

Z. 18: karge _____

Material 2

Lieblingsstück

Christel Metzger

1 Sonnenstrahlen ergossen sich über die saftig-grün
2 sprießenden Wiesen. In diesem Jahr war der Frühling
3 einen Monat zu früh dem nicht vorhandenen Winter
4 entschlüpft. Blütentupfer überzogen die ersten vor
5 Kurzem noch kahlen Sträucher und Bäume mit einem
6 milden Schleier und viele Vögel waren schon seit
7 einigen Wochen von ihren Langstreckenflügen wieder
8 zurück. Ansonsten wurde die Postkarten-Bläue des
9 Himmels nicht zerschnitten. Keine Flugzeuge, keine
10 Wochenend-Motorsegler störten den ungewohnten
11 Frieden. Überhaupt: Es war ein Keins-Zustand.
12   Maxim blickte aus seinem Fenster. Misttag! Kein Plan!
13 Normalerweise hätte er bei diesem Wetter mit seinen
14 Freunden irgendwo gezockt oder gechillt. Aber was
15 war jetzt schon normal? Nichts mehr. Nicht einmal die
16 nervige Schule sorgte noch für Abwechslung. Einfach
17 nichts, das Maximum eines Nichts. Lockdown-Modus!
18 Er checkte den Eingang neuer Messages. Null. Doch –
19 plötzliches Gezwitscher. „Wo hab ich jetzt das Scheiß-
20 ding hingelegt?", ätzte er vor sich hin. Beginnende Ver-
21 blödung. Da. Unter den Prüfungsaufgaben auf dem
22 Schreibtisch. Keine neue Nachricht. Er erkannte, dass
23 es Vögel im Garten waren. Kopfschüttelnd zog er das
24 Fenster zu.
25   „Voll öde, dieses kindische Zimmer!", schimpfte
26 er mit aufkeimender Wut, als er sich umdrehte und
27 den gesamten Raum wie mit fremden Augen sah. Er
28 machte sich vor seinem Schrank lang, zupfte mit dem
29 kleinen Finger einen Karton über die Kante und stieß
30 ihn dann seitlich herunter. Kleinteile, Spielzeug aus
31 längst vergessenen Zeiten kullerte heraus. Unsortiert
32 mit Staubflusen. Ein verschrumpelter Apfel. Unwirsch
33 schob er den Kram zusammen und warf ihn zurück in
34 die Kiste. Seine Wände starrten ihn wie aus großer Ent-
35 fernung an. Ein Plakat von Sido. „Bilder im Kopf" – das
36 waren nicht die seinen. Er hatte ganz andere. Maximal
37 andere. Einige Basketball-Poster. Nee, auch das war
38 gestern, ach was: vor hundert Jahren. Kobe Bryant – so
39 traurig, aber weg damit. Ein radikaler Kahlschlag nahm
40 Fahrt auf an seinen vier Wänden. Das Zimmer wuchs.
41 Nächster Dorn im Auge war sein Schrank. Am Ende
42 lagen noch einige brauchbare Jogginghosen, Shirts
43 und Hoodies, zwei Jeans auf seinem Bett. Der Rest
44 quoll aus dem Karton. Er schob ihn vor die Türe. Der
45 Blick zurück in sein Domizil fiel unvermittelt auf seinen
46 alten Schreibtisch. Opas Lieblingsstück für Opas Lieb-
47 ling. Auch das war einmal. „Was bist du auch so unge-

48 duldig und hibbelig geworden, Maxi?", war seine letzte
49 Frage an ihn gewesen. Vor Wochen! Jetzt war er in der
50 Klinik. Jetzt, da er ihn nicht mehr besuchen durfte. Und
51 nun hatte er keinen mehr, keinen, mit dem er über alles
52 reden konnte. Mit aller Kraft zerrte und hievte er den
53 eichenen Schreibtisch neben den Kleider- und Sammel-
54 suriumshaufen. Der Karton zum Zerbersten voll.

55   „Maxim, Essen ist fertig! Deck mal den Tisch!", rief
56 seine Mutter von unten. Mit einem Seufzer schob er
57 die Kopfhörer in die Ohren und den Lautstärke-Button
58 auf Maximum. Maxim maximal alleine! Essen? Wovon
59 sollte er schon Hunger haben. Appetit? Der verging
60 ihm, wenn er nach dem Stand seiner Prüfungsvorbe-
61 reitung gefragt wurde. „Denk nur nicht, dass die Prü-
62 fung wegen des Virus' ganz ausfällt!", hatte sein Vater
63 schon damals am ersten freien Dienstag gedroht.
64 Ohne Büroarbeit und sein Fitnessstudio war sein Vater
65 für ihn schwer zu ertragen. „Maxim, kannst du mal,
66 Maxim, mach mal ...", so ging das ständig. Sein inneres
67 Ohr nahm nur noch „Maxi-mal, Maxi-mal" wahr. Und
68 genauso maximal ging ihm das auf den Nerv.

69   Eine kaum spürbare Erschütterung, gerade so, als
70 ob ein minimales Erdbeben stattfände, riss ihn aus
71 seinen Gedanken. Intuitiv ging sein Blick zur Tür. Dort
72 meinte er förmlich zu sehen, wie gegen die Tür ge-
73 poltert wurde. Missmutig entstöpselte er und war-
74 tete auf den nächsten schrillen Ruf nach ihm. „Jahaa,
75 was denn?" „Komm sofort runter! Was ist denn mit
76 der Tür?" „Ist wohl zu!" „Aaach! – Komm bitte! Opa
77 geht es schlecht!" Da war eine ungekannte Schwere
78 und schmerzliche Ernsthaftigkeit in der Stimme sei-
79 ner Mutter. Sie ließ ihn fast über den Kindheitskarton
80 stolpern, den er augenblicklich vergessen hatte. Beim
81 Versuch, ihn zur Seite zu schieben, riss er ihn entzwei.
82 Der Schreibtisch! Mist! Der musste auch noch weg.
83 Und so wuchtete und schleifte er ihn, eine gefühlt hal-
84 be deutsche Eiche, mit knarzendem Geräusch von der
85 Tür weg, sodass diese dem Gegendruck seiner Mutter
86 nachgeben konnte.

87   „Was ist mit Ops?", stieß er atemlos hervor.

88   „Die Station hat angerufen: Es sieht nicht gut aus.
89 Er muss beatmet werden, ach, was solln wir bloß tun?"

90   „Ma, bitte!", er nahm sie in den Arm. Sie schien plötz-
91 lich so klein und so leicht. „Denk nicht das Schlimmste.
92 Ops rappelt sich. Das war schon immer so."

93   „Meinst du?", brachte sie zwischen halberstickten
94 Schluchzern hervor. „Ich hab Angst!"

95   Für einen Augenblick hielt er inne und wandte sich
96 zum Schreibtisch um, der quer hinter der Tür hervor-
97 schaute. Nein, er gehörte nicht der Vergangenheit an.
98 „Komm jetzt, Ma, wir gehen runter. Alles wird gut!"

○ **Aufgaben**

a) Lies den Erzähltext zweimal und untersuche ihn wiederum mit dem Lesekamm von S. 76.

b) Trage die ermittelten Überschriften der Handlungsschritte ein.

   1) Z. 1 – Z. ___ : _____

   2) Z. ___ – Z. ___ : _____

   3) Z. ___ – Z. ___ : _____

   4) Z. ___ – Z. ___ : _____

   5) Z. ___ – Z. ___ : _____

c) Vergleiche diese Überschriften mit jenen zum Text von Hermann-Josef Schüren (S. 76). Notiere bzw. vervollständige in der folgenden Tabelle Auffälligkeiten. Verwende die Kürzel M1 und M2 (s. Beispiel)

Beobachtungsaspekt	Unterschiede	Gemeinsamkeiten
Einstieg in den Text Einleitung?	M1: unvermittelter, offener Beginn M2: Art Einleitung, Hinführung zur Situation	keine
Wer erzählt? Figur? Erzähler?		
Verhalten des Erzählers: Einmischung oder Neutralität?		
Erzählweise: Ausführlichkeit oder verknapptes Erzählen	M1: knappe, nüchterne Erzählweise M2:	keine
Beweggründe der Hauptfigur	M1: etwas Ungewöhnliches tun M2: Unzufriedenheit mit der Situation; verordnete Ausgangsregelung (Corona-Pandemie)	Bedürfnis nach Veränderung
Entwicklung der Hauptfigur		Abgrenzung Abschied von der Kindheit Erwachsenwerden
Figurenrede: erlebte Rede Gedankenwiedergabe innerer Monolog		

Ort(e) Räume	M1: zusätzlich Speicher M2: zusätzlich Erwähnung der Klinik, Natur vor dem Fenster	das eigene Zimmer
Zeitgestaltung: historische Zeit Handlungsdauer Chronologie Zeitsprünge		
Handlungsentwicklung: ähnlich dem Drama „unvollständig"		
Ausgang der Handlung: Gestaltung Lösung		

Beachte
die Lernkarten
ab Seite 93.

Kurze Prosa: Textsorten

Allgemein gültige Merkmale lassen sich für die einzelnen Textarten kaum festlegen.
Literarische Kurzformen weisen meist Kennzeichen unterschiedlicher Textsorten auf. Man könnte auch sagen: Autoren schreiben eher nicht nach einem Textsorten-Muster. Umso spannender ist es, einzelne Kriterien in Texten aufzuspüren und deren Zweck zu erkennen. Diese Übersicht soll dir bei der Unterscheidung helfen.

Alltagskurzgeschichte: Kategorie der Kurzgeschichte, die sich vor allem thematisch von den großen historischen und zeitgeschichtlichen Problemen der Nachkriegszeit (vgl. Kurzgeschichte, S. 83) unterscheidet; Hinwendung zu eher alltäglichen, gewöhnlichen Themen und damit für eine größere Leserschaft geeignet; ansonsten Merkmale der Kurzgeschichte

Anekdote: kurze, oft maximal halbseitige, konzentriert erzählte Geschichte mit einer Schlusspointe; Ähnlichkeiten zur Kürzestgeschichte meist humorvolle Charakteristik einer realen Person oder eines historischen Ereignisses; (klassische Form z. B. Heinrich von Kleist; moderne Formen z. B. Ror Wolf, Thomas Bernhard)

Erzählung: Oberbegriff für schriftlich dargelegte Erzähltexte (z. B. unveränderlich im Vergleich zu Märchen, Sage, Legende); ein im Gegensatz zum Roman kürzerer meist fiktiver Text, der jedoch auch reale Elemente beinhalten kann; die mittlere Länge grenzt die E. von der Anekdote (kürzer) und in vielen Fällen von der Kurzgeschichte (teils auch ähnliche Länge) ab; in der Regel chronologische Erzählgestaltung, meist mit nur einem Erzählstrang und ohne Zeitsprünge; häufig mit erkennbarer Dreiteilung in Einleitung, Haupthandlung mit Höhepunkt und einer „Lösung" am Ende (ohne Offenheit); Handlung umfasst oft das Zusammenwirken eines Protagonisten und seiner Umgebung; im Vergleich zur Kurzgeschichte leichter verständlich, Vorhandensein eines textinternen Erzählers: z. B. Thomas Mann, Anna Seghers, Peter Stamm

Fabel: Fabel vor dem 20. Jh. (Fabeln, die Äsop zugeschrieben werden; Martin Luther, Jean de La Fontaine); sehr kurze, sprachlich auf das Notwendige reduzierte Texte (oft nicht einmal eine halbe Seite); auffällige und kritikwürdige Verhaltensweisen von Menschentypen in der „Maske" von Tieren; Aufbauschema nach Aktion, Reaktion und Lösung; auch mit angefügter Moral („Lehre") als Brücke zum tieferen Verständnis; moderne Fabel (z. B. James Thurber, Jürg Schubiger, Wolfdietrich Schnurre) teils mit etwas ausführlicherer Ausgestaltung; thematisch oft auf der Höhe der Zeit der Entstehung, d. h. mit aktuellen oder zeitunabhängig gültigen Problemen; Übertragung der Bildebene auf die Bedeutungsebene

Gleichnis: kurze Geschichte, aber länger als ein Vergleich; Bildebene muss auf eine Bedeutungsebene gebracht werden; Unterschied zu vielen Parabeln: Bezug wird genannt; thematisch oft aus der Alltagswelt [biblische Gleichnisse Jesu z. B. vom Sämann (Markus 4, 26–33); vom verlorenen Sohn bzw. von den beiden Söhnen (Lukas 15, 11–32)]

Kalendergeschichte: volkstümliche, also eher alltagsnahe und sprachlich leichter zugängliche Erzählung in unterschiedlichen Textformen (Anekdote, Gespenstergeschichte, Märchen, Schwank usw.) mit Bezug zu einer historischen Zeit oder der gesellschaftlichen Wirklichkeit zur Zeit der Entstehung bzw. Veröffentlichung; ursprünglich in Jahres- oder Bauernkalendern erschienen; häufig Verhaltensweisen als Thema; erzieherischer oder auch unterhaltsamer, humorvoller Charakter mit einer Schlusspointe oder lehrhaften Formel; Umfang von ca. halber Seite bis zu (eher selten) mehreren Seiten (z. B. Johann Peter Hebel, Bertolt Brecht, Erwin Strittmatter)

Kurzgeschichte: in der Nachkriegszeit entstandene deutsche Version der amerikanischen *short story*; umfasst von wenigen bis über ca. 30 Seiten (z. B. Wolfgang Borchert, Elisabeth Langgässer, Heinrich Böll, Georg Britting); Merkmale lassen sich kaum verallgemeinern; Einstieg oft unvermittelt und ‚plötzlich' wie aus einer umfangreicheren Erzählung gerissen (Ausschnitt aus dem Leben); Ende meist offen, ohne Abrundung, Lösung, Ergebnis; selten Unterbrechungen im chronologischen Zeitfluss; nur knapp skizzierte Protagonisten (keine Helden); Themen befassen sich mit Existenz und Alltag (daher oft einfache Alltagssprache); häufig ein einschneidendes Ereignis in Verbindung mit einem überraschenden Wendepunkt; erzählte Zeit umfasst einen eher kleinen Zeitraum, teils sogar wenige Minuten; oft ohne konkrete Orte oder Räume; knappe sprachliche Darstellung, häufig dennoch bildhaft (Symbole, Metaphern usw.), jedoch nicht ausschmückend; oft personaler Erzähler. Die **zeitgenössische K.** tritt als Begriff selten auf, eher werden „Geschichte" oder „Erzählung" verwendet, wobei einzelne Merkmale der klassischen K. durchaus vorhanden sind. Zeitgenössische Autorinnen und Autoren sind sich der Problematik einer Festlegung von Kriterien bewusst (z. B. Marlene Röder, Peter Stamm, Sybille Berg)

Kurzprosa: Abgrenzung von epischen Großformen wie dem Roman; Oberbegriff für epische Kurzformen wie die hier genannten sowie Legende, Sage, Märchen

Kürzestgeschichte (Begriff nach Kaspar H. Spinner): bewusste Abgrenzung von Kurzgeschichte; passender Begriff für moderne, sehr kurze Form von meist etwa einer halben Seite; auch Prosaminiaturen oder Notate, Prosaskizzen (z. B. Marie Luise Kaschnitz, Günter Kunert, Hans Magnus Enzensberger, Botho Strauß, Nadja Einzmann, Franz Hohler)

Parabel: Gleichnis; als Prosaparabel eher kurz, etwas länger als Fabeln; Verwandtschaft zur Fabel; Übertragung von einem Bildbereich auf das Gemeinte ist oft weitaus schwieriger als bei Fabeln; moderne Parabeln entziehen sich oft einer Deutung (z. B. Franz Kafka, Bertolt Brecht, Günter Bruno Fuchs)

Satire: eher satirische Texte oder hier Prosasatire, da der Begriff keine eigene Textsorte bezeichnet und in allen Gattungen eine Aussageweise meint; Textumfang etwas länger als Fabel, vergleichbar mit Kürzestgeschichten; mit u. a. Übertreibung, Ironie, Komik, Verfremdung und Indirektheit als Ausdrucksmittel zur Äußerung von Kritik an menschlichen Verhaltensweisen (z. B. Wolfgang Hildesheimer, Heinrich Böll, Ephraim Kishon)

d) Legt auf einem Blatt eine Tabelle **Merkmale der wichtigsten Kurzprosa-Textsorten** an.
Teilt die Textsorten in der Gruppe so auf, dass alle Spalten bearbeitet sind.
Entnehmt die wichtigsten Merkmale der Übersicht von S. 82 f.

Merkmal	Alltagskurz-geschichte	Kürzest-geschichte	Erzählung	(moderne) Fabel	Parabel
ungefähre Länge					
Geschlossenheit Offenheit (Anfang/Ende)					
Figuren reale Personen Helden Typen					
Themen					
Erzählweise					
Sprache/Stil					
Verständlichkeit mögliche Schwierig-keiten					

e) Vergleiche die beiden Erzähltexte und ordne ihnen jeweils eine Textsorte zu. Nenne als Beweise jeweils drei ausschlaggebende Merkmale. Überprüfe die genannte Textsorte in deiner Einleitung zu M1 auf S. 78 h).

M1 Textsorte: _____

Merkmale: _____

M2 Textsorte: _____

Merkmale: _____

f) Eine Aufgabenstellung für die Beschreibung von M1 oder M2 könnte für die Prüfung wie folgt lauten:

Verfassen Sie eine Textbeschreibung zu diesem Erzähltext.

Bearbeiten Sie dabei vor allem folgende Aspekte:
- die Charakterisierung des Protagonisten mit Blick auf die Figurenkonstellation
- Ort(e) und Zeit(en) der Handlung
- drei unterschiedliche Stilmittel und ihre Funktion
- die Sprachgestaltung in Verbindung mit der Rolle des Erzählers
- die Bedeutung des *Schreibtischs*

Die Textbeschreibung soll zusammenhängend und inhaltlich gegliedert dargestellt sein. Grammatik und Rechtschreibung werden bewertet.

g) Wähle einen der beiden Texte für deine Textbeschreibung aus.
Fertige als Vorarbeit in der folgenden Übersicht Notizen zum gewählten Text an.
Nutze dazu deine Bearbeitung von M1 oder M2. Verwende separate Blätter.

Im **Downloadbereich** findest du einen Vorschlag für den Aufbau einer Textbeschreibung Prosa.

Angaben für die Einleitung TATTEQ

Charakterisierung Protagonist/Figurenkonstellation	
Ort(e) und Zeit(en)	
drei Stilmittel/Funktion	
Sprache/Verbindung mit Erzähler	
Bedeutung des *Schreibtischs*	

Material 3

Dinge[1]

Jenny Erpenbeck (geb. 1967)

1 Auf jeder größeren Reise, die ich unternehme, verliere
2 ich mindestens ein Tuch oder eine Mütze, manchmal
3 auch eine Sonnenbrille oder eine Uhr. Bei Umzügen
4 habe ich auch schon einiges eingebüßt: eine Leiste
5 vom alten Bauernschrank, ein paar Rollos, und einmal
6 sogar die Schreibmaschine, auf der ich meine ersten
7 Texte geschrieben habe. Obgleich die Hotelzimmer
8 die ich verließ, überschaubar, die verlassenen Woh-
9 nungen eindeutig leer waren, fehlten die Dinge später
10 dennoch, das Verschwinden passierte irgendwie,
11 irgendwohin, im Niemandsland zwischen Abfahrt
12 und Ankommen, es passierte so regelmäßig, daß ich
13 schon beim Koffer- oder Kistenpacken damit zu rech-
14 nen begann, als handle es sich um ein Opfer, einen
15 Preis, der von mir für die Veränderung der Lebensum-
16 stände zu zahlen und insofern bei aller Willkür den-
17 noch angemessen war. Während meines Alltags aber
18 wurden die Dinge niemals weniger, sondern immer
19 mehr und mehr, die Stapel höher, die Mappen dicker,
20 ich konnte mir vorstellen, daß ein Feuer ausbräche
21 und ich meine Tagebücher, die Briefe und Fotoalben
22 unter den Arm klemmen und aus dem Haus laufen
23 würde, aber zum Glück brach kein Feuer aus.

24 Kürzlich war eine Russin bei mir zu Besuch, vor einem
25 Jahr ist sie mit vier Kindern nach Deutschland über-
26 siedelt. Ein Klavier, schön! sagt sie, als sie meine Woh-
27 nung betritt. Bücher, schön! Ein paar Schritte weiter
28 zeigt sie auf ein paar Zeichnungen meines Sohnes, die
29 an der Wand hängen und sagt: Schön! Setzt noch hin-
30 zu: Schön, wenn man so etwas hat. Ich verstehe zuerst
31 nicht, was sie meint, sie habe doch selbst vier Kinder.
32 Ja, sagt sie und lächelt, man kann nicht alles mitneh-
33 men. Sicher, sicher, sage ich. Ja, sagt sie und lächelt
34 immer noch, wir haben ein großes Lagerfeuer ge-
35 macht, haben uns alle drum herum gesetzt, dann Blatt
36 um Blatt in die Hand genommen, haben alles noch
37 einmal angeschaut und uns erinnert, wer das oder
38 das gezeichnet hat, wie alt er oder sie damals war, ha-
39 ben uns ein letztes Mal gemeinsam daran erfreut und
40 dann alles verbrannt. Es war ein schönes Lagerfeuer,
41 wir haben gesungen. Ich sage jetzt nichts mehr. Man
43 kann nicht alles mitnehmen, wiederholt sie und sagt
44 lächelnd: Mit vier Kindern und zwei großen Koffern
45 sind wir losgeflogen. Das war alles.

---

1   Erpenbeck, Jenny: 32 Dinge. In: Dinge, die verschwinden. München: btb Verlag, 2009, S. 91 f.

⊃ **Aufgaben**

a) Verfasse eine Definition des Begriffs *Dinge*.

_____

_____

b) Lies den Erzähltext zweimal und „kämme" den Text – wie gewohnt – durch.

c) Beantworte mithilfe deiner Notizen die Fragen in der folgenden Übersicht.
   Verwende jeweils dort Zitate, wo sie als Beweise oder Beispiele dienen.

Welche Themen stecken in diesem Erzähltext? Welches ist der Oberbegriff, also das allgemeinste?

Welchen Bezug hat der Titel zum Text?	
Aus welcher Sicht ist der Text verfasst?	
Worin unterscheiden sich die beiden Teile des Textes rein äußerlich und inhaltlich?	
Mit welchen Worten leitet Erpenbeck die beiden Teile ein? Welchen Zweck hat die Wortwahl an diesen Stellen?	
Wie viele Sätze verwendet Erpenbeck im ersten Teil? Welche Satzarten sind dies? Wie wirkt der erste Teil sprachlich und stilistisch auf den Leser?	
Welche sprachlichen Unterschiede weist der zweite Teil im Vergleich zum ersten auf?	
Wie wird Gesprochenes wiedergegeben? Aus welchem Grund?	
Welche drei Textstellen sind für dich die wichtigsten?	

d) Der Text wirkt autobiografisch, also auf einer persönlichen Erfahrung beruhend.
   Kreuze die Beschreibungen an, die am zutreffendsten sind.

1	Jenny Erpenbeck schreibt aus der Ich-Perspektive. Mit „ich" meinen Autorinnen und Autoren immer sich selbst.	◯
2	Die „Dinge", die als Verlust aufgeführt sind, wirken realistisch vorstellbar, sodass sie nicht erfunden scheinen.	◯
3	Der Inhalt der beiden Textteile kann nicht erfunden sein. Sonst würde eine Autorin oder ein Autor andere „Dinge" nennen.	◯
4	Die Autorin nennt keine Namen. Damit will sie sich und die „Russin" schützen.	◯

e) Auch die Tempus-Verwendung erweckt den Anschein, als habe Erpenbeck die Situation selbst erlebt. Notiere jeweils das entsprechende Tempus und begründe seinen Einsatz.

Die Tempus-Verwendung ist auch Teil des Grammatik-Kapitels.

Z. 1: „unternehme", „verliere" = _____

Begründung: _____

Z. 4 und 7: „habe [...] eingebüßt", „geschrieben habe" = _____

Begründung: _____

Z. 8, 9 sowie bis Ende des ersten Abschnitts: „verließ", „waren" *usw.* = _____

Begründung: _____

f) Diese Tempusformen stehen im Indikativ, also in der Wirklichkeitsform. An drei Stellen wird ein anderer Modus, nämlich der Konjunktiv, verwendet. Markiere in M3 diese Textstellen.

g) Im folgenden Lückentext kannst du erkennen, wie einige deiner Ergebnisse in eine Sprachbetrachtung eingebaut werden können. Füge in die Lücken passende Einzelheiten, damit der Text „rund" wird.

Die beiden Abschnitte sind sprachlich _____ gestaltet. Der erste

besteht aus _____ Sätzen. Diese sind _____taktisch, also als sehr überlegt wirkende

Satz_____ gebaut. Im längsten Satz findet die Autorin eine ausführliche Begründung für

_____ .

Die Tempora zeigen den Unterschied zwischen einer allgemeinen Erkenntnis (Tempus _____),

den bis an die Gegenwart heranreichenden Erfahrungen (Tempus _____) und dem Umgang

mit den verlorenen Gegenständen der Vergangenheit sowie der Sorge in Bezug auf die inzwischen gesammelten

Dokumente und Erinnerungen (Tempus _____). Auch _____

wechselt: Einmal wird der Konjunktiv __ verwendet, um eine _____ (aber nicht zwingend

realistische) Sichtweise oder Deutung darzulegen; an einer anderen Stelle wird der Konjunktiv __ ein-

gesetzt, um eher _____ Ängste vor einer eintretenden Katastrophe zu beschreiben.

Der zweite Abschnitt beginnt mit einem Temporaladverb, das _____

zu den eher berichtenden Ausführungen bewirkt. Das im Folgenden wiedergegebene _____

zwischen der Ich-Figur bzw. _____ und _____ wirkt vor allem

durch einige auffallend _____ Sätze lebhafter. Da die _____ fehlen,

muss der Leser sehr _____ lesen, um die _____ zu identifizieren. Ein

_____ Lesen ist daher kaum möglich. Umso deutlicher werden manche Ausdrucksweisen

[z. B. _____], Wiederholungen [z. B. _____]

und auf den ersten Blick _____ Aussagen [z. B. „wenn man so etwas hat" (Z. 30 f.)]

wahr- und aufgenommen. Die Gesprächsanteile der beiden Sprecherinnen sind nicht gleich, vielmehr spricht

die Ich-Erzählerin im Gegensatz zu dem regelrechten Wortschwall des ersten Abschnitts auffallend wenig:

Die beiden Äußerungen wirken zudem verunsichert [_____

_____ und _____]. Nach der Erfahrung der Russin, die

diese in einem langen Satz schildert, folgt der lakonisch wirkende Satz der Ich-Erzählerin: „Ich sage jetzt

nichts mehr." (Z. 41) Dieser verdeutlicht _____

der Ich-Erzählerin. Und die Besucherin beendet ihren Bericht ebenso lakonisch mit: _____

h) Es ist nun nur noch ein kleiner Schritt, die „Russin" zu charakterisieren.

- Verwende bei deiner Beschreibung dabei folgende Auffälligkeiten: die mehrfache Wiederholung des Adjektivs/Adverbs *schön* sowie der Verben *lächeln* (in unterschiedlichen Formen) und *sich erfreuen*.
- Beziehe die Umstände ihrer Übersiedlung nach Deutschland bei der Einordnung ihres Verhaltens mit ein.

Lakonisch? Ein Begriff, den du für kurze und treffende, auch nüchterne Ausdrucksweise oder einen Stil insgesamt verwenden kannst.

_____

_____

_____

_____

_____

i) *Feuer* wird zweimal verwendet. Ordne den Begriff als Stilmittel ein.
   Beschreibe die Bedeutung für die Ich-Erzählerin und für die Besucherin.

_____

_____

_____

j) Um den Begriff des Verlusts zu verdeutlichen, ist es hilfreich, wenn du dich selbst in eine ähnliche Lage versetzt. Notiere daher „Dinge", die du während der Corona-Auszeit vermisst hast.

_____

_____

_____

k) Eine zu diesem Text passende Aufgabenstellung für die Prüfung könnte folgendermaßen aussehen:

Verfassen Sie eine Textbeschreibung zu diesem Erzähltext.

Insbesondere müssen folgende Gesichtspunkte bearbeitet werden:
- der äußere Aufbau des Textes mit Blick auf die inhaltliche Gestaltung
- die Zeitgestaltung
- die Redegestaltung und deren Bedeutung für die Erzählperspektive
- die Aussagekraft des Textes und die nachvollziehbare Intention der Autorin

Die Textbeschreibung soll zusammenhängend und inhaltlich gegliedert dargestellt sein.
Grammatik und Rechtschreibung werden bewertet.

l) Verfasse zum vierten Unterpunkt der Aufgabenstellung eine Stellungnahme nach dem Aufbauvorschlag (s. Kapitel Lyrik, S. 62).

_____

_____

_____

_____

_____

_____

_____

_____

_____

_____

_____

_____

Im **Downloadbereich** findest du eine weitere Vertiefungsübung – **Material 4**.

Material 5

Die Kaninchen, die an allem schuld waren[1]

James Thurber (1894–1961)

1 Es war einmal – selbst die jüngsten Kinder erinnern
2 sich noch dran – eine Kaninchenfamilie, die unweit von
3 einem Rudel Wölfe lebte. Die Wölfe erklärten immer
4 wieder, daß ihnen die Lebensweise der Kaninchen ganz
5 und gar nicht gefalle. (Von ihrer eigenen Lebensweise
6 waren die Wölfe begeistert, denn das war die einzig
7 richtige.) Eines Nachts fanden mehrere Wölfe bei einem
8 Erdbeben den Tod, und die Schuld daran wurde den
9 Kaninchen zugeschoben, die ja, wie jedermann weiß,
10 mit ihren Hinterbeinen auf den Erdboden hämmern
11 und dadurch Erdbeben verursachen. In einer anderen
12 Nacht wurde einer der Wölfe vom Blitz erschlagen und
13 schuld daran waren wieder die Kaninchen, die ja, wie
14 jedermann weiß, Salatfresser sind und dadurch Blitze
15 verursachen. Die Wölfe drohten, die Kaninchen zu zivi-
16 lisieren, wenn sie sich nicht besser benähmen, und die
17 Kaninchen beschlossen, auf eine einsame Insel zu fliehen.
18   Die anderen Tiere aber, die weit entfernt wohnten,
19 redeten den Kaninchen ins Gewissen. Sie sagten: „Ihr
20 müßt eure Tapferkeit beweisen, indem ihr bleibt, wo
21 ihr seid. Dies ist keine Welt für Ausreißer. Wenn die
22 Wölfe euch angreifen, werden wir euch zu Hilfe eilen –
23 höchstwahrscheinlich jedenfalls."
24   So lebten denn die Kaninchen weiterhin in der Nach-
25 barschaft der Wölfe. Eines Tages kam eine schreckliche
26 Überschwemmung, und viele Wölfe ertranken. Daran
27 waren die Kaninchen schuld, die ja, wie jedermann
28 weiß, Mohrrübenknabberer mit langen Ohren sind und
29 dadurch Überschwemmungen verursachen. Die Wölfe
30 fielen über die Kaninchen her – natürlich um ihnen zu
31 helfen – und sperrten sie in eine finstere Höhle – natür-
32 lich um sie zu schützen.
33   Wochenlang hörte man nichts von den Kaninchen,
34 und schließlich fragten die anderen Tiere bei den
35 Wölfen an, was mit ihren Nachbarn geschehen sei.
36 Die Wölfe erwiderten, die Kaninchen seien gefressen
37 worden, und da sie gefressen worden seien, handle es
38 sich um eine rein innere Angelegenheit. Die anderen
39 Tiere drohten jedoch, sich unter Umständen gegen die
40 Wölfe zusammenzuschließen, wenn die Vernichtung
41 der Kaninchen nicht irgendwie begründet würde. Also
43 gaben die Wölfe einen Grund an.
44   „Sie versuchten auszureißen", sagten die Wölfe,
45 „und wie ihr wißt, ist dies keine Welt für Ausreißer."

46 *Moral:* Laufe – nein, *galoppiere* schnurstracks zur
47 nächsten einsamen Insel.

---

1   Thurber, James: 75 Fabeln für Zeitgenossen. Reinbek bei Hamburg: Rowohlt 1967, S. 5 f.

⊃ Aufgaben

a) Lies den Erzähltext zweimal. Verwende den Textkamm zur Arbeit am Text.

b) Eine mögliche Aufgabenstellung für die Prüfung könnte folgendermaßen aussehen:

Verfassen Sie eine Textbeschreibung zu diesem Erzähltext.

Insbesondere müssen folgende Gesichtspunkte bearbeitet werden:
- Figuren, deren Konstellation und konflikthafte Verstrickung
- die Übertragung von der Bild- auf die Bedeutungsebene
- eine ausführliche Stellungnahme, die auf passende historische und zeitgenössische Ereignisse eingeht

Die Textbeschreibung soll zusammenhängend und inhaltlich gegliedert dargestellt sein.
Grammatik und Rechtschreibung werden bewertet.

Beachte die Lernkarten ab S. 93.

c) Fülle zur Schreibvorbereitung folgende Übersicht aus.

Angaben für die Einleitung TATTEQ

Titel in Verbindung mit der Handlung	
Charakterisierung Protagonist Figurenkonstellation	
Ort(e) und Zeit(en)	
Handlung	
Sprache/Redegestaltung	
Übertragung von der Bild- auf die Bedeutungsebene	
Stellungnahme mit geschichtlichen Bezügen	

d) Informiere dich über den Autor James Thurber und die Entstehungszeit dieses Textes.

e) Verfasse eine Textbeschreibung zu *Die Kaninchen, die an allem schuld waren.*

Prosa-Lernkarte Schreiben 1

1 Drei Bereiche des Erzählens

Innerhalb der Textbeschreibung werden diese drei Bereiche an unterschiedlichen Stellen benannt oder beschrieben.

Wer die Geschichte erzählt oder anders gesagt: Wen der Autor als **Erzähler** erscheinen lässt, ist bereits zu Beginn des Hauptteils wichtig. Man kann ihn daher als **erzählten Erzähler** bezeichnen. In eher seltenen Fällen ist der Autor der Erzähler. Um das feststellen zu können, sind nähere Angaben zum Leben und Werk des Autors erforderlich.

Wie der Autor den Text ausstattet, d. h. welche **formalen und erzähltechnischen Mittel** er anwendet, kannst du mithilfe der weiteren Lernkarten ermitteln.

Was in der Handlung zusammenwirkt, Figuren und deren Beziehungen, Orte, Räume usw. benennst du in der **Inhaltsangabe** in kurzer Form (W-Fragen). Genauere begründete Beobachtungen und Erkenntnisse kommen in der **Inhaltsbeschreibung** zur Sprache.

Prosa-Lernkarte Schreiben 2

2 Wer erzählt? Erzählerfigur, Erzählform

Hinweis: Unabhängig von der Aufgabenstellung ist es sinnvoll, die inhaltliche Beschreibung mit der Einordnung der Erzählerfigur und der Erzählform zu beginnen.

Bsp. *Heimkehr:* Die Parabel wird von einem **personalen Ich-Erzähler** wiedergegeben. Diese **Ich-Erzählform** spiegelt die Wahrnehmung und Handlung aus dessen Sicht wider.

Bsp. *Dinge:* Die Kürzestgeschichte wird von einer **auktorialen Ich-Erzählerfigur** wiedergegeben. Sie beschreibt in einem Überblick eine Gewohnheit und veranschaulicht an einem Erlebnis den Wert von Dingen.

Bsp. *Verrückung:* Die Kürzestgeschichte ist in der **Sie-Form** wiedergegeben, wobei ein **auktorialer Erzähler** vorhanden ist und das Innenleben der Figur kennt.

Bsp. *Lieblingsstück:* Die Erzählung wird von einem **auktorialen Erzähler**, der das Innenleben des Protagonisten kennt, in der **Er-Form** wiedergegeben.

Prosa-Lernkarte Schreiben 3

3 Wie wird erzählt?
3.1 Erzählverhalten, Erzählperspektive

Es kann günstig sein, beides zu Beginn der Inhaltsangabe zu erwähnen.

Bsp. *Verrückung:* Eine auktoriale Erzählerfigur gibt das momentane Geschehen und das Empfinden der **Sie-Figur** wieder.

Bsp. *Heimkehr:* Der Ich-Erzähler gibt das momentane Geschehen und Erinnerungen wieder, z. B. Stelle mit „Pfütze". Die Perspektive ist eine **Ich-Perspektive**.

Bsp. *Die Kaninchen, die an allem schuld waren:* In der modernen Fabel tritt eine textinterne **auktoriale Erzählerfigur** in Erscheinung. Diese kommentiert direkt und ironisch; sie formuliert auch die „Moral".

Prosa-Lernkarte Schreiben 4

3 Wie wird erzählt?
3.2 Erzählerrede, Figurenrede

Bsp. *Dinge:* In der Kürzestgeschichte wird **direkte Rede ohne Redezeichen** und nur **teils mit Redebegleitsätzen** verwendet. Der Leser muss sehr konzentriert lesen, um die Sprecherinnen zu identifizieren. Einmal verwendet die Autorin **indirekte Rede.** Dadurch entsteht eine Distanz. Ein markanter Satz besteht aus erzählter Rede: „Ich sage jetzt nichts mehr." Deutlicher kann Sprachlosigkeit nicht in Worte gefasst werden.

Bsp. *Die Kaninchen, die an allem schuld waren:* In dieser modernen Fabel finden sich Beispiele für erzählte Rede, direkte Rede und indirekte Rede sowie Erzähler-Kommentare bis hin zu einer lehrhaften Schlussformulierung. Insbesondere die Verbindung von auktorialer Perspektive und Merkmalen der Satire zeigt den Unterschied zur klassischen Fabel auf.

Prosa-Lernkarte Analyse 2

2 Wer erzählt?
Erzählerfigur, Erzählform

Hinweis: In **Ich-Form** ist dieses Ich ein **Ich-Erzähler**.

In **Er-/Sie-Formen** ist es je nachdem ein **Er-Erzähler oder eine Sie-Erzählerin**.

Es gibt jedoch in vielen Texten eine **textinterne Erzählerfigur**, die ebenso eine vom Autor geschaffene, also **erzählte Figur** ist.
Oft fällt einem als Leser nicht sofort auf, dass sich im Text eine „Stimme" befindet, die offensichtlich mehr weiß als die Figuren selbst. Diese Erzählerfigur ist **auktorial**, d. h. sie steht über dem Geschehen und kann es unterbrechen, kommentieren usw.

Lateinisch *auctor* heißt **Urheber, Vermittler**.
Um diesen Begriff nicht mit Autor zu verwechseln, ist es hilfreich, den **Schriftsteller-Autor als Urheber** (der auch die Rechte an seinem Werk hat) vom **auktorialen Erzähler als Vermittler** zu unterscheiden.

Prosa-Lernkarte Analyse 1

1 Drei Bereiche des Erzählens

• **Wer erzählt?**
Diese Frage hört sich einfacher an, als sie ist.
Der **Autor** schreibt den Text. Darin kann sich ein (textinterner) **Erzähler** befinden, der eine Geschichte wiedergibt.
Der Autor kann aber auch eine **Figur als Erzähler** eine Geschichte wiedergeben lassen.

Wichtig: Der **Autor** ist nur in höchst seltenen Fällen mit dem Erzähler oder einer Figur identisch. Der reale Schriftsteller ist ein **textexterner Erzähler**.

• **Wie wird erzählt?**
Es gibt eine Vielzahl von Erzähl-Werkzeugen, mit denen ein Text „geformt", „geschaffen" wird. Sie sind nicht zufällig, sondern bewusst gewählt.

• **Was wird erzählt?**
Genauso wählt der Autor **Thema, Handlung, Figuren, Orte bzw. Räume** und die **Zeit der Handlung**. Er entscheidet über die Vergabe von Einzelheiten („Informationen").

Prosa-Lernkarte Analyse 4

3 Wie wird erzählt?
3.2 Erzählerrede, Figurenrede

Hinweis: Gesprochenes kann verschieden dargestellt werden.
Direkte oder wörtliche Rede ist oft (aber nicht immer) an Redezeichen (Anführungszeichen) erkennbar. Wenn **Redebegleitsätze** fehlen, lohnt sich eine Farbmarkierung der Sprecher.
  Bsp.: *Das ist erstaunlich.*
      Sie sagte: „Das ist erstaunlich."

Distanzierend wirkt **indirekte Rede**.
  Bsp.: *Sie sagte, das sei erstaunlich.*

Erlebte Rede besteht aus Gedanken oder Empfindungen in der 3. Person ohne Redezeichen, Redebegleitsatz oder indirekte Form
  Bsp.: *Er schüttelte den Kopf. Wie erstaunlich!*

Ein **innerer Monolog** ist quasi ein inneres Selbstgespräch einer Ich-Figur.
  Bsp.: *Und wie konnte ich anders, als meinem Staunen Ausdruck zu verleihen?*

Erzählte Figurenrede wird von einem außenstehenden Erzähler umschrieben.
  Bsp.: *Er drückte sein Staunen aus.*

Prosa-Lernkarte Analyse 3

3 Wie wird erzählt?
3.1 Erzählverhalten, Erzählperspektive

Hinweis: Unter **Erzählverhalten** wird die Art und Weise verstanden, mit der sich ein Erzähler mitteilt. Die **Erzählperspektive** ist der Blickwinkel, den der Erzähler hat. Dieser, **personal** oder **auktorial**, kann eingeschränkt oder allumfassend sein.

Ein **personaler Er-/Sie-Erzähler** ist mit einer Figur identisch und in der Sicht begrenzt.
Ein **personaler Ich-Erzähler** erlebt und erzählt aus **seiner Sicht**, verfügt nur über das eigene Denken und Fühlen.

Ein **auktorialer Er-/Sie-Erzähler** steht über dem Geschehen (als wäre er ein Kameramann). Er fällt durch seine **Allwissenheit und Übersicht** über das gesamte Geschehen auf. Es kann den Anschein haben, als nähme er den Leser an der Hand.
Ein **auktorialer Ich-Erzähler** steht außerhalb des Geschehens. Er unterscheidet oder verbindet zwischen **Ich-Erzählung und Ich-Erleben**; z. B. bei Erinnerungen und Kommentaren.

Prosa-Lernkarte Schreiben 5

3   Wie wird erzählt?
3.3 Äußerer Aufbau

Bsp. *Verrückung:* Der sehr kurze Text besteht aus einzeln gesetzten Zeilen sowie kürzeren Erzählabschnitten. Dadurch erhalten manche Sätze eine noch stärkere Betonung.

Bsp. *Lieblingsstück:* Der Erzähltext weist sieben Abschnitte auf.

Bsp. *Dinge:* Die Kürzestgeschichte ist durch eine Leerzeile in zwei Abschnitte eingeteilt.
Die beiden Abschnitte bestehen aus nahezu gleich vielen Wörtern. Der erste Abschnitt kann als Rahmenerzählung für den zweiten, die Binnenerzählung, angesehen werden. Der Rahmen wird nicht geschlossen, sondern bleibt offen.

Bsp. *Heimkehr:* Die Parabel ist durchgängig als Fließtext geschrieben.

Bsp. *Die Kaninchen, die an allem schuld waren:* Die moderne Fabel lässt sich schon an der äußeren Gestalt erkennen, indem eine Moral vom restlichen Text abgesetzt ist. Die Fabel selbst ist bereits in fünf Erzählabschnitte mit Absätzen eingeteilt.

Prosa-Lernkarte Schreiben 6

3   Wie wird erzählt?
3.4 Zeitgestaltung

Bsp. *Dinge:* Die Autorin verwendet die Tempora Präsens für die Wiedergabe der allgemeinen Erkenntnis und Perfekt für die noch anhaltenden Erfahrungen in der jüngsten Vergangenheit. Die Verlust-Beispiele sowie die gleichzeitige Ansammlung wichtiger Dokumente und das Ausbleiben einer alles vernichtenden Katastrophe werden in einer Art Rückblende berichtend im Präteritum wiedergegeben.
Mit dem temporalen Adverb „Kürzlich" (Z. 24) markiert die Autorin einen **zeitlichen Sprung**. Zudem verdeutlicht Erpenbeck, dass sie von einer allgemeinen Einsicht zu einer Beispielgeschichte wechselt. Im zweiten Abschnitt leitet die Autorin in umgekehrter Reihenfolge vom berichtenden Präteritum zum Perfekt und dann zum Präsens über. Das eigentliche erzählenswerte Ereignis wird dadurch vergegenwärtigt.
Erzählte Zeit: im ersten Abschnitt eine unbestimmte Lebensphase; im zweiten etwa zehn Minuten; Erzählzeit: etwa vier Minuten.
Das Missverhältnis von erzählter und Erzählzeit weist darauf hin, dass zwei unterschiedliche Arten von Zeitraffung vorliegen, eine sehr verdichtende im ersten und eine (zumindest im Dialog-Teil) fast zeitdeckende im zweiten.

Prosa-Lernkarte Schreiben 7

3   Wie wird erzählt?
3.5 Erzählton, Aussageweise

Bsp. *Die Kaninchen, die an allem schuld waren:* Der Erzähler mischt sich deutlich erkennbar an vielen Stellen des Textes ein. Zu Beginn der modernen Fabel verwirrt er die Leser mit einem **Widerspruch**: Er verwendet die **Märchenformel** „Es war einmal" (Z. 1) und bricht diese **Illusion** umgehend mit der scheinbar belanglosen Bemerkung „selbst die jüngsten Kinder erinnern sich noch daran" (Z. 1 f.). Mit dieser **Ironie** verweist er auf die Bedeutungsebene des Textes. Die Fabel erweist sich daher als **satirischer Text**.

Bsp. *Verrückung:* Der äußerst verknappende Stil beschränkt sich auf das Notwendigste. Der Erzähler mischt sich wenig und vordergründig sachlich ein. Das Wortspiel „Sie mag es verrückt. Sie verrückt. Ihre Möbel." (Z. 1) zeigt, wie der Erzähler die Informationen sozusagen in minimale Portionen verpackt. Besonders deutlich wird dieser lakonische Ton im Schlusssatz. Der Erzähler stellt eine den Leser völlig überrumpelnde „Tatsache" fest.

Prosa-Lernkarte Schreiben 8

4   Was wird erzählt?
Themen – Wirkungen, Atmosphäre

Bsp. *Dinge:* Die Erkenntnis ihrer Gewohnheit, Dinge zu verlieren, lässt die Ich-Erzählerin in einem fast mitleiderregenden Licht erscheinen. Es zeigt sich gegen Ende des ersten Abschnitts jedoch auch ihre fast panische Furcht vor der Vernichtung ihrer schriftlichen persönlichen Erinnerungen. Durch die beispielhafte Begebenheit im zweiten Abschnitt veranschaulicht sie dann aber, dass das Aufgeben einer Heimat, die Migration der Russin mit ihren Kindern, gerade diesen Abschied von den wirklich wertvollen Dingen des Lebens bedeutet. „Das war alles." (Z. 45) lässt den Leser bedrückt und tief berührt zurück.

Bsp. *Lieblingsstück:* Am Beispiel des Umgangs mit dem schweren Schreibtisch in der Ausnahmezeit der Corona-Pandemie wird dem Protagonisten der Erzählung schlagartig bewusst, wie wichtig ihm sein Großvater ist. In diesem Moment wirkt er reifer und ändert sein Verhalten. Der berührte Leser erkennt diese „Lehre" und denkt über sein eigenes Verhalten während dieser schwierigen Zeit nach.
Die Atmosphäre kann er aus eigener Erfahrung nachvollziehen.

Prosa-Lernkarte Analyse 6

3 Wie wird erzählt?
3.4 Zeitgestaltung

Hinweis: Tempusgebrauch und Zeitangaben (temporale Adverbien) geben Aufschluss über die zeitliche Ordnung eines Textes.

Die **erzählte Zeit** ist die Dauer einer erzählten Handlung (einige Minuten, Stunden, ein Tag, eine Woche, unbestimmter Zeitraum usw.).

Die **Erzählzeit** ist die geschätzte Dauer, die ein Leser zum Erzählen oder Lesen eines Textes benötigt (bis zu 5 Min. pro Seite).

Das Verhältnis zwischen beiden **Zeitdimensionen** ist selten ausgeglichen. Meist wendet ein Autor **Zeitraffungen** (Erzählzeit ist geringer als die erzählte Zeit) oder **Zeitdehnungen** (Erzählzeit dauert länger als die erzählte Zeit) an. Auch **Zeitsprünge**, **Rückblenden** (auf Vergangenes) oder **Vorausdeutungen** (Vorwegnahmen künftiger Ereignisse) können den **linearen Erzählfluss** unterbrechen, um den **Fokus auf Wichtiges** zu richten.

Prosa-Lernkarte Analyse 5

3 Wie wird erzählt?
3.3 Äußerer Aufbau

Hinweis: Die rein **optische Gestalt** eines Textes kann bereits eine inhaltliche Bedeutung haben. Meist ist jedoch die **Einteilung in inhaltliche Handlungsschritte** (auch Sinnabschnitte genannt) eine weitere Absicherung für Aussagen über den Aufbau des Textes.

Ähnlich dem **Aufbau klassischer Dramen** in **drei bis fünf Akten** sollte sich auch bei Fließtexten oder Texten mit etlichen Absätzen die Einteilung in Abschnitte an dieser Zahl orientieren (etwa: Einleitung, Hauptteil, Schluss); jedoch werden inhaltliche Überschriften empfohlen. (vgl. Lesekamm). Ein besonderes Augenmerk gilt **abgesetzten Zeilen** oder ganzen **Abschnitten** nach Leerzeilen.

Nach dieser Einteilung kann erkannt werden, ob eine quasi einführende **Rahmen- und/oder Binnenerzählung** (eigentliche Haupthandlung oder Erzählkern) vorliegt.

Prosa-Lernkarte Analyse 8

4 Was wird erzählt?
Themen – Wirkungen, Atmosphäre

Hinweis: In der Stellungnahme im Schlussteil ist die **Wirkung** eines Textes **auf den Leser** ein wichtiger Bestandteil.

Beispiel für die **Benennung** von Wirkungen: aufrüttelnd, bewegend, zum Nachdenken anregend, verunsichernd usw.

Die Wirkung kann ermittelt werden mit den **Fragen:** Was bewegt der Text in meinem Inneren? Wie kommt er bei mir an? Es kann sich der Eindruck von einer **Atmosphäre** (Melancholie, Trauer, Betroffenheit usw.) ergeben.

Zugleich ist die Wirkung oft abhängig vom **Thema:** Ist es aktuell? Ist es allgemein bekannt? Ist es wichtig? Für wen und warum?

Prosa-Lernkarte Analyse 7

3 Wie wird erzählt?
3.5 Erzählton, Aussageweise

Hinweis: Im Zusammenspiel von Wortwahl, Stil und Sprachgestaltung lassen sich Merkmale eines Erzähltons und der Aussageweise erkennen.

So kann ein Text im **Erzählton** lakonisch (knapp und sachlich), humorvoll, sehr bildhaft usw. formuliert sein. Insbesondere bei eher humorvoller **Ausdrucksweise** ist zu prüfen, ob als Aussageweise Ironie, Sarkasmus oder Zynismus vorliegen.

Dabei helfen die Fragen: Meint der Erzähler das ernst? Was soll der Text eigentlich ausdrücken? Der Grad an Übertreibung, Indirektheit und Kritik kann einen Hinweis auf einen satirischen Text geben.

Grammatik
Sprachgebrauch und Sprachreflexion

Vom Wort zur Wortgruppe zum Satz zum Text

⊃ **Aufgabe**

a) Notiere links, was dir zur Bedeutung des folgenden Wortes einfällt; ergänze rechts Fragen zu diesem Wort.

b) Beschreibe die Veränderungen und Informationen der folgenden Form. Bilde kurze Sätze mit *herrscht*.

herrscht: _____

Fragen: _____

c) Nun kommt ein weiteres Wort hinzu: *Geschäftigkeit*
   Stelle drei Fragen, in welchen *Geschäfigkeit* und *herrscht* vorkommen.

_____

_____

_____

d) Im folgenden Text tauchen die beiden Wörter auf. Fülle beim zweiten Lesen die Lücken so aus, dass sich ein sinnvoller inhaltlicher Zusammenhang ergibt.

> ❗ Wörter ergeben erst dann einen sinnhaften Zusammenhang, wenn sie in **Wortgruppen** eingebettet und mit **Ergänzungen** verbunden sind.

„Auf dem _____ *, der* _____

_____ *abgehen sollte, herrschte* _____

Geschäftigkeit und Bewegung _____.*"*[1]

e) Notiere Fragen nach den Informationen. Schreibe die Kurz-Antworten auf, die du im Satz d) findest oder dort selbst ergänzt hast.

Frage: Welche/Was für eine Geschäftigkeit (und Bewegung) herrschte?

Antwort: Geschäftigkeit (und Bewegung)

Frage: _____

Antwort: _____

---

1   Beginn der *Schachnovelle* von Stefan Zweig (1881–1942)

Frage: _____

Antwort: _____

Frage: _____

Antwort: _____

f) Nun folgen einige weitere Sätze, sodass du erkennst, wie aus Sätzen ein Text entsteht.
Notiere in Klammern Fragepronomen, mit deren Hilfe du die fettgedruckte Information erhältst.

„Gäste vom Land drängten **durcheinander** (Wie? Auf welche Weise?), um **ihren Freunden** (_____)

das Geleit (_____) zu geben, **Telegraphenboys** (_____) mit schiefen Mützen schossen

Namen ausrufend (_____) **durch die Gesellschaftsräume** (_____), **Koffer und Blumen**

(_____) wurden geschleppt. **Kinder** (_____) liefen **neugierig** (_____) **treppauf**

und treppab (_____), während das Orchester unerschütterlich **zur Deck-Show** (_____)

spielte. **Ich** (_____) stand im Gespräch mit **einem Bekannten** (_____) etwas abseits von

diesem Getümmel **auf dem Promenadendeck** (_____), als neben uns zwei- oder dreimal **Blitzlicht**

(_____) scharf aufsprühte – anscheinend war **irgendein Prominenter** (_____) knapp vor

der Abfahrt noch rasch von **Reportern** (_____) interviewt und photographiert worden."[2]

g) Hast du das Fortbewegungsmittel erkannt?
Welche Wörter weisen dich darauf hin?

Es ist ein _____ .

Hinweise: _____

_____

> ❗ Um die **Bildung (Morpheme), Form (Flektierbarkeit = Veränderlichkeit), Funktion und Stellung im Satz (Satzglieder bzw. Satzgliedteile)** und die **Bedeutung** der einzelnen Wortarten und Wortgruppen benennen und verwenden zu können, ist es wichtig, diese zu kennen.

An verschiedenen Stellen sollen am Beispiel des Gedichts _Die unmögliche Tatsache_ von Christian Morgenstern einige dieser grammatischen Themen untersucht werden.

Die unmögliche Tatsache[3]

1 Palmström, etwas schon an Jahren,	13 Oder war vielmehr verboten,
2 wird an einer Straßenbeuge	14 hier Lebendige zu Toten
3 und von einem Kraftfahrzeuge	15 umzuwandeln, – kurz und schlicht:
4 überfahren.	16 _Durfte_ hier der Kutscher nicht –?"
5 „Wie war" (spricht er, sich erhebend	17 Eingehüllt in feuchte Tücher,
6 und entschlossen weiterlebend)	18 prüft er die Gesetzesbücher
7 „möglich, wie dies Unglück, ja –:	19 und ist alsobald im klaren:
8 daß es überhaupt geschah?	20 Wagen durften hier nicht fahren!
9 Ist die Staatskunst anzuklagen	21 Und er kommt zu dem Ergebnis:
10 in bezug auf Kraftfahrwagen?	22 „Nur ein Traum war das Erlebnis.
11 Gab die Polizeivorschrift	23 Weil", so schließt er messerscharf,
12 hier dem Fahrer freie Trift?	24 „nicht sein _kann_, was nicht sein _darf_."

---

2 Fortsetzung _Schachnovelle_ von Stefan Zweig (1881–1942)
3 Gedicht in alter Rechtschreibung; Christian Morgenstern lebte von 1871–1914.

Grammatik der Wörter und Wortarten

Man kann die Form von **Wortarten** in **veränderliche (flektierbare)** oder **unveränderliche (nicht flektierbare)** einteilen. Unter **Flexion** (abgeleitet von Muskelbeugung) versteht man zum einen die **Deklination** der Wortarten Nomina, Artikelwörter, Pronomina, Adjektive (auch: Zahladjektive), zum andern die **Konjugation** von Verben. Viele Adjektive und wenige Adverbien werden mittels **Komparation** (Vergleichsstufen) verändert. Nicht flektierbar sind Junktionen, Präpositionen, Partikeln und die meisten Adverbien.

Noch und nöcher – am nöchsten?!?

Junktion ist der Oberbegriff für Konjunktion (bei- oder nebenordnende Bindewörter) und Subjunktion (unterordnende B.). Eine **Partikel** („Teilchen") ist ein eher kurzes Wort, das z. B. besondere Betonungen oder Verstärkungen erzeugen kann (vgl. S. 116–117).

⊃ **Aufgaben**

a) Ordne die folgenden Wortarten den jeweiligen Beschreibungen zu. Notiere die Zahl.

Adjektiv	2	**Adverb**	___
Artikel	___	**Junktion**	___
Nomen	___	**Partikel**	___
Präposition	___	**Pronomen**	___
Verb	___		

Beschreibungen

❶ Angabe von Umständen ❷ Merkmale und Eigenschaften ❸ Konkrete Lebewesen, Dinge, Sachen oder abstrakte Begriffe ❹ Verhältnisse, Bezüge ❺ Verbindung von Satzgliedern und Satzarten ❻ Betonungen, Präzisierung ❼ Handlungen, Vorgänge, Zustände ❽ Begleiter, Bestimmung, Hinweis

b) Ermittle die Wortarten im Satz der ersten Strophe aus *Die unmögliche Tatsache*. Notiere in den Schreibzeilen unterhalb der Wörter die Wortarten, indem du übliche Abkürzungen verwendest. Trage bei Unsicherheiten ein Fragezeichen ein.

Palmström,	etwas	schon	an	Jahren,	wird	an	einer	Straßenbeuge	und
Nom			Präp	Nom					

von	einem	Kraftfahrzeuge	überfahren.

c) Lies den Infotext.

> ❗ An den Wörtern *etwas* und *schon* erkennst du, dass diese Wörter nicht etwa ein Indefinitpronomen und ein temporales Adverb sind. Man nennt sie **Partikeln**. Sie können sich auf verschiedene Wortarten beziehen, wie hier: auf *an Jahren*. Dabei verändern sie die Bezugswörter in ihrer Bedeutung. Partikeln sind nicht flektierbar (vgl. dazu S. 116).

d) Sind folgende Wörter aus *Die unmögliche Tatsache* Partikeln oder Adverbien? Notiere ein *P* oder *A*.

Z. 1: *etwas* P	Z. 1: *schon* P	Z. 7: *möglich*	Z. 7: *ja*
Z. 15: *kurz [und] schlicht*	Z. 16: *nicht*	Z. 20: *hier*	Z. 22: *nur*

e) An welchen Worten des Gedichts kannst du ablesen, dass der Text aus dem vorigen Jahrhundert stammt?

_____ und _____

f) Nenne dafür jeweils zeitgemäße Synonyme.

_____ und _____

g) Ordne folgende Beispielwörter der zutreffenden Wortart in der tabellarischen Übersicht zu. Notiere in der Klammer hinter der Wortart [*f* oder *nf* für (nicht) flektierbar] und gib die Art der Flexion in der vierten Spalte an. Ergänze bei den flektierbaren Wortarten je eine flektierte Form der Beispielwörter.

Tipp: Fett geschriebene Wörter müssen mehreren Wortarten zugeordnet werden.
Kennzeichne deine Unsicherheiten.

Wörterkiste

allein – ~~anders~~ – auf – Bus **besonders** – **das** – dass – dieser – dir – ein **einzig** – er **etwas** – euer – falls – finden
ganz – Geheimnis – gestern – glücklicherweise – ~~gut~~ – Herr – hinter – **hoch** – ~~kaputt~~ – ~~kein~~ – **lebendig** – **maximal**
mich – ~~indem~~ – interpretieren – noch – Obst – oder – okay – regnen – **schwarz** – schon – sehr – sein – **stumm** – und
~~ziemlich~~ – zwischen

Wortart [f/nf]	Beispielwörter	pro Bsp. eine flektierte Form	Art der Flexion
Adjektiv [**f**]	gut,	besser	Komparation
[**nf**]	kaputt,	–	Komparation
[**f**]	gut,	gute	Deklination
Adverb [____]	anders,		
Artikel [____]			
Junktion [____]	Konjunktion Subjunktion indem,		
Nomen [____]			
Partikel [____]	ziemlich,		
Präposition [____]			
Pronomen [____]	kein,		überwiegend Deklination
Verb [____]			

Führe Einsetzproben durch!

Flektierbare Wortarten und Wortgruppen

DAS VERB – DIE VERBEN

Das **Verb** (von lat. *verbum* = u. a. *Aussage*) kann nicht (nur) als Tätigkeitswort, Tun-Wort oder Zeitwort bezeichnet werden. Wie sollte man sonst Zustände beschreiben? Auch ohne diese Bezeichnungen erkennst du das Verb (oder mehrere Verben) in einem Satz schnell.
Der Vergleich des Verbs mit einem Daten-Chip ist hilfreich: Es ist Informationsträger für **Person, Numerus, Tempus, Handlungsrichtung und Modus**. Als „Regierung" (Fachbegriff: Rektion) im Satz weist es anderen Satzgliedern die Position und den Kasus zu. In Person und Numerus ist es mit dem Nomen/Pronomen verbunden.
Verbgruppen mit mehr als drei Verben tauchen selten auf, da sie fast nicht mehr verständlich sind. *(Man **wird** die Videosession nicht mehr **haben abhalten können**.)*
Das Verb nimmt in der Grammatik teils mit weiteren Verben (Prädikatsverband) die bedeutsame Rolle der Verb- oder Satzklammer ein. (s. S. 118)

Verbflexion – die Konjugation

➲ **Aufgabe**

a) Ordne die folgenden Verben nach schwachen und starken. Schreibe jeweils die 3. Person Singular Prät. und das Partizip II (Perfekt) dahinter.

Wörterkiste
---

finden – suchen – begehen – klären – gießen – geben
joggen – halten – leiden – wischen – fechten – tanzen
lernen – ziehen – meinen – sprechen – hören – laufen
einladen – zeigen – kaufen

❗

Bei der Konjugation (von lat. *Verbindung*) wird zwischen schwachen und starken Verben unterschieden. **Schwache Verben** werden in der Präteritumform mit Endungen *-te, -test, -ten* und die Partizipien mit *-(e)t* gebildet. Der Stammvokal bleibt normalerweise gleich.
Starke Verben wechseln im Präteritum den Vokal, teils auch in Umlaute. Partizipien enden auf *-en*. Daneben gibt es gemischte Konjugationen wie bei *wissen* (und weitere s. Modalverben).

Finde jeweils zwei weitere starke und schwache Verben und ergänze auf dieselbe Weise.

Schwache Verben	Starke Verben

Das Tempus – die Tempora

❗

Tempus bedeutet lateinisch u. a. *Zeit* bzw. *Zeitabschnitt*.
Die deutsche Sprache verfügt über **sechs Tempora**. Der Einsatz eines Tempus kann nicht nur nach Kategorien wie *zuerst, früher, dann, jetzt* oder *später* erfolgen. Vielmehr müssen die Situation, das Ereignis und die Textart sowie deren stilistische Bedingungen berücksichtigt werden.
Auch die Absicht, die ein Sprecher oder Schreiber mit einer Aussage verbindet, spielt eine Rolle.
(Beispiele: Ein Kochrezept macht im Präteritum keinen Sinn; Inhaltsangaben fordern das Präsens, da sie gestern, heute und morgen einen allgemeingültigen Inhalt hatten, haben und haben werden).

Sobald die Brühe kochte, gaben Sie das Gemüse hinein ...?

⊃ Aufgaben

a) Markiere in den folgenden sechs Sätzen die Tempora (Zeitformen des Verbs). Trage das dazugehörige Tempus ein. Zeichne unter dem Kasten einen Zeitstrahl und trage darauf die Fachbegriffe der Tempora in einer zeitlich logischen Reihe ein. Es sind, alphabetisch sortiert:

Futur I, Futur II (auch: Futurperfekt), Perfekt (auch: Präsensperfekt),

Plusquamperfekt (auch: Präteritumperfekt), Präteritum und Präsens.

---

1 Besonders gefielen mir die Romane von Andreas Steinhöfel oder Zoran Drvenkar. _____

2 Ende Juli 2021 werde ich die gesamte Abschlussprüfung abgelegt haben. _____

3 Auf die schriftliche Prüfung werde ich mich mit diesem Trainingsbuch gut vorbereiten. _____

4 Meine Prüfungslektüre habe ich auch schon gelesen. _____

5 Vor der 8. Klasse hatte ich nämlich bereits 20 längere Romane gelesen. _____

6 Das Lesen fällt mir überhaupt nicht schwer. _____

Veranschaulichung der Tempora
Dein Zeitstrahl mit Beschriftung:

b) Trage in der Tabelle zu jedem Tempus einen der folgenden deutschen Begriffe ein.

Gegenwart – vollendete Zukunft – vollendete Gegenwart – Vergangenheit –

vollendete Vergangenheit/Vorvergangenheit – Zukunft

c) Schreibe als Beispiel in jedes Kästchen die passende Tempusform des Verbs *finden* in der 1. Person.

Futur II	Perfekt	Plusquamperfekt
Ich	Ich	Ich
Präteritum	Futur I	Präsens
Ich	Ich	Ich

d) Markiert im Gedicht *Die unmögliche Tatsache* (S. 98) die Tempora. Sprecht über die Wirkung des Haupt-Tempus und formuliert eine Erklärung für dessen Verwendung.

Nenne die verwendeten Tempora (jeweils einmal): _____

Mögliche Erklärung der Verwendung des Haupt-Tempus: _____

_____

_____

_____

Aktiv und Passiv – die Handlungsrichtung

Meist erzählt, beschreibt oder berichtet man im **Aktiv**, vor allem, wenn der Handelnde im Fokus steht. Fehlt jedoch ein „Täter", möchte man ihn verschweigen, den oder das Betroffene in den Vordergrund setzen oder im Schreibstil abwechseln, so verwendet man das **Passiv**. Aktiv und Passiv sind daher verschiedene Perspektiven, ein Geschehen darzustellen. Zudem werden das **Vorgangspassiv** (Handlungsverlauf: z. B. *Der Teig wird gerührt.*) und das **Zustandspassiv** (Ergebnis einer Handlung: *Der Teig ist gerührt.*) unterschieden.

➲ **Aufgaben**

a) Bestimme in der ersten Strophe des Gedichts *Die unmögliche Tatsache* die Passivform.
   Zitiere sie und nenne die Art des Passivs.

   Z. _____ : _____   Form des Passivs: _____

b) Schreibe eine Aktiv-Formulierung zu diesem „Tatbestand" auf.

   _____

c) Welche überraschende Wende nimmt das „Geschehen" in diesem Gedicht in der zweiten Strophe?

   _____

d) Palmström könnte folgenden Beschwerdebrief schreiben.
   Schreibt ihn im Passiv auf und sprecht über die unterschiedliche Wirkung von Aktiv und Passiv.

Sehr geehrte Herren des Ordnungsamtes,

heute überfuhr mich ein Fahrer mit seinem Kraftfahrzeug. Ich beschloss weiterzuleben, damit ich diesen Fall aufklären kann. Schließlich haben Sie doch an dieser Kreuzung dem Verkehr aus jener Richtung nicht die Vorfahrt eingeräumt. Mein Studium von Gesetzeswerken bestätigte meine Auffassung.
Nun fordere ich, dass Sie in dieser Causa aktiv werden und mich der Fahrer nicht umsonst überfahren hat. Ich bin der festen Überzeugung, dass Sie mir Recht geben müssen. Das können und dürfen Sie einfach nicht sang- und klanglos übergehen!

Hochachtungs- und hoffnungsvoll
Ihr Palmström

_____

_____

_____

_____

_____

_____

_____

_____

_____

_____

_____

_____

Arten von Verben – Modalverben

Sätze mit Modalverbgruppen bilden nicht die Wirklichkeit ab, sondern eine Modalität (s. auch **Modal**adverb, **modal**er Adverbialsatz). Die Bandbreite reicht von Möglichkeit über Absicht bis hin zur Notwendigkeit. Eine Modalverbgruppe enthält ein Vollverb im Infinitiv, das die Bedeutung genauer festlegt. Doch können die meisten Modalverben auch als Vollverb verwendet werden.

*Wer **brauchen** ohne **zu** gebraucht, braucht **brauchen** gar nicht zu gebrauchen.*

Übersicht: Sätze mit Modalverben mit und ohne Infinitv

Modalverb mit Vollverb im Infinitiv	Inhalt der Aussage	Modalverb als Vollverb
Er **braucht** die Wörter nicht zu **lernen** (auf „zu" achten!).	keine Verpflichtung	Er **braucht** das nicht.
Er **muss** die Wörter nicht **lernen**.	kein Gebot	Er **muss** das nicht.
Er **kann** die Wörter nicht **lernen**.	Unvermögen	Er **kann** das nicht.
Er **mag/möchte** die Wörter nicht **lernen**.	kein Wille, Wunsch	Er **mag** das nicht.
Er **soll** die Wörter **lernen**.	Forderung (von außen?)	Er **soll** das.
Er **darf** die Wörter **lernen**.	Möglichkeit, Erlaubnis	Er **darf** das.
Er **will** die Wörter **lernen**.	Absicht, Wunsch, Bedürfnis	Er **will** das.
Er **weiß** sich beim Vokabeltraining zu **helfen**.	Vermögen, Fähigkeit	Er **weiß** das.

⟳ Aufgaben

a) Welche der kurzen Sätze in der dritten Spalte mit Vollverben sind im Vergleich mit den modalisierten Sätzen in der ersten Spalte unverständlich?

_____

_____

b) Formuliere Sätze mit jeweils einem Modalverb und dem angegebenen Infinitiv (Vollverb). Erkläre die inhaltliche Bedeutung des Modalverbs. (vgl. Spalte 2 in der Übersicht)

können/Tennis spielen:
_____

Damit wird _____ ausgedrückt.

wissen/sich herausreden:
_____

Damit wird _____ ausgedrückt.

sollen/spazieren gehen:
_____

Damit wird _____ ausgedrückt.

mögen bzw. möchten/Ruhe haben:
_____

Damit wird _____ ausgedrückt.

c) In Vorschriften oder Gesetzestexten wird u. a. unterschieden zwischen *können, sollen, müssen, dürfen*.
Schreibe einen Text über Regelungen und Vorschriften beim Radfahren.
Verwende die korrekten Modalverben.

> **Erwähne inhaltlich:**
>
> Fahrradhelm – Beleuchtung – Verkehrsschilder (Fußgängerweg, Radweg, kombinierter Fußgänger-
> und Radweg) – Musik hören – Handy-Benutzung – in Gruppen, nebeneinander und rechts fahren –
> Rücksichtnahme auf Fußgänger, Jogger usw.

_____

_____

_____

_____

_____

_____

Das kann und darf nicht sein!

d) Markiere in den drei letzten Strophen aus *Die unmögliche Tatsache*
die Modalverben. Erkläre in diesem Zusammenhang die spezielle
Ironie dieses Textes.

13 Oder war vielmehr verboten,
14 hier Lebendige zu Toten
15 umzuwandeln, – kurz und schlicht:
16 *Durfte* hier der Kutscher nicht –?"

17 Eingehüllt in feuchte Tücher,
18 prüft er die Gesetzesbücher
19 und ist alsobald im klaren:
20 Wagen durften hier nicht fahren!

21 Und er kommt zu dem Ergebnis:
22 „Nur ein Traum war das Erlebnis.
23 Weil", so schließt er messerscharf,
24 „nicht sein *kann*, was nicht sein *darf*."

_____

_____

_____

Der Modus – die Modi

!

> Als **Modus** wird die **Aussageweise** des Verbs bezeichnet.
> Deutsche Verben stehen entweder im Indikativ, Konjunktiv I, Konjunktiv II oder im Imperativ.
> Der **Indikativ** bezeichnet die Wirklichkeitsform, während die Konjunktive zwei Stufen von Möglichkeits-
> formen bezeichnen. Der **Konjunktiv II** wird auch als Irrealis bezeichnet (Wunsch, vage Möglichkeit, Unwirk-
> liches). Aufforderungen und Befehle können im **Imperativ** (Singular oder Plural) formuliert werden.

Indikativ	Konjunktiv I	Imperativ
Sie macht eine Pause. (schwaches Verb) Sie geht in den Garten. (starkes Verb)	Es sei dir hoffentlich eine gute Prüfung ermöglicht.	Mach eine Pause! Macht eine Pause!
	Konjunktiv II	
	Wer wünschte sich nicht, dass alle Menschen zufrieden wären?	

Wichtige Imperativformen: gib, nimm, lies ...

⮕ **Aufgaben**

a) Zitiere aus dem Text *Heimkehr* (M4 im Download) die Textstellen, in denen Konjunktive verwendet werden.

Z. _____ : _____

Z. _____ : _____

Z. _____ : _____

b) Nenne den Modus, also die verwendete Konjunktiv-Form. Beschreibe, was durch sie ausgedrückt wird.

Modus: _____

Aussageabsicht: _____

c) Formuliere den für dich wichtigsten Wunsch für das Jahr 2021.

Ich wünschte, _____

VIEL GLÜCK!

Indirekte Rede

> **Indirekte Rede** wird verwendet, um Gesagtes nicht wörtlich wiederzugeben, Zitate zu um-
> gehen oder stilistisch abzuwechseln. Dabei wird üblicherweise der Konjunktiv I verwendet,
> um die mögliche, aber eben nicht wörtliche Aussage zu markieren.
> **Besonderheit:** Bei Verwendung von Subjunktionalsätzen mit *dass* oder *ob* ist der Indikativ verbreitet.

⮕ **Aufgaben**

a) In der folgenden Übersicht erkennst du, in welchen Fällen eine Ausweichsform gewählt werden muss, um Verwechslungen zu vermeiden. Markiere die Formen, die gleich lauten.

Indikativ Präsens	Indikativ Präteritum	Konjunktiv I	Konjunktiv II
(schwaches Verb)	(schwaches Verb)		
1. Ps. Ich koche	1. Ps. Ich kochte	Sie meint, ich koche	Sie meint, ich kochte
2. Ps. Du kochst	2. Ps. Du kochtest	Sie meint, du kochest	Sie meint, du kochtest
3. Ps. Er/Sie/Es kocht	3. Ps. Er/Sie/Es kochte	Sie meint, er/sie/es koche	Sie meint, er/sie/es kochte
(starkes Verb)	(starkes Verb)		
1. Ps. Ich finde	1. Ps. Ich fand	Sie behauptet, ich finde	Sie behauptet, ich fände
2. Ps. Du findest	2. Ps. Du fandest	[...] du findest	[...] du fändest
3. Ps. Er/Sie/Es findet	3. Ps. Er/Sie/Es fand	[...] er/sie/es finde	[...] er/sie/es fände

b) Schreibe folgende Aussagen in indirekter Rede auf und vermeide Verwechslungen.

1. „*Mir gefällt deine neue Frisur*", meinte sie.

Sie meinte, ihr _____

2. Er behauptete: „*Heute wird es noch ein Gewitter geben.*"

Er behauptete, heute _____

3. Die Klassenkameraden meinen auch: „*Wir lernen momentan sehr viel.*"

Sie meinen auch, sie _____

c) Vervollständige und kreuze an, welche Ausweichsform für folgende „Verwechslungskandidaten" in Frage kommt.

Indikativ	Konjunktiv I	Konjunktiv II	Ausweichsform
ich trage	ich trage	ich trüge*	ich würde tragen oder K II
ich komme			
du lernst			
du stellst			
es regnet			
es spielt			
wir singen			
wir chatten			
ihr tanzt			
ihr lest			
sie fahren			
sie rechnen			

* evtl. Ersatzform wegen ungewohnter, eher schriftsprachlicher (und veraltet wirkender) Form

Verben, die Gesagtes zusammenfassen

!

Verben können wie Oberbegriffe direkte oder wörtliche Rede zusammenfassen. Das ist hilfreich für die Inhaltsangabe. Um den Stil abwechslungsreich zu gestalten, sollte nur das wichtigste Gesprochene in indirekter Rede wiedergegeben werden.

⮌ **Aufgaben**

a) Am Beispiel des Textausschnitts aus *Lieblingsstück* (**M 2**, S. 79) sollst du Verben einsetzen, die das Gesprochene, die Art des Sprechens und den Textzusammenhang zugleich beschreiben. Wähle wie in dem Beispiel aus folgenden Verben aus und ergänze passende Adverbien:

— **Verben** —

hinweisen/Hinweis(e) geben – Rat geben – anzweifeln – zweifeln in Frage stellen – nachfragen – nachhaken – misstrauen – aufmuntern zusprechen – aufrichten – erkennen – andeuten – besänftigen beruhigen – trösten – ~~verlangen~~ – zureden – zustimmen

„Jahaa, was denn?" „Komm sofort runter! Was ist denn mit der Tür?" „Ist wohl zu!" „Aaach! – Komm bitte! Opa geht es schlecht!" Da war eine ungekannte Schwere und schmerzliche Ernsthaftigkeit in der Stimme seiner Mutter. […]

„Was ist mit Ops?", stieß er atemlos hervor.

„Die Station hat angerufen: Es sieht nicht gut aus. Er muss beatmet werden, ach, was solln wir bloß tun?"

„Ma, bitte!", er nahm sie in den Arm. Sie schien plötzlich so klein und so leicht. „Denk nicht das Schlimmste. Ops rappelt sich. Das war schon immer so."

verlangt ungeduldig

_____

_____

_____

_____

_____

_____

_____

_____

„Meinst du?", brachte sie zwischen halberstickten Schluchzern
hervor. „Ich hab Angst!" Für einen Augenblick hielt er inne
und wandte sich zum Schreibtisch um, der quer hinter der
Tür hervorschaute. Nein, er gehörte nicht der Vergangen-
heit an. „Komm jetzt, Ma, wir gehen runter. Alles wird gut!"

_____

_____

_____

_____

Verben mit Dativ und Akkusativ

Manche Verben verlangen zwei Objekte. Du erkennst das an folgendem Beispiel: *anvertrauen*.
Dieses Verb benötigt ein Dativ- und ein Akkusativobjekt, damit ein verständlicher Satz entsteht. Du fragst
dich: *Wem wird etwas anvertraut? Was wird jemandem anvertraut?* In **Rechtschreib-Wörterbüchern** könntest
du unter diesem Stichwort evtl. den Eintrag *jmd**m**. (also we**m**?) ein Geheimnis (also wen? oder was?) anvertrauen* finden. Es lohnt sich also, Verben nachzuschlagen, um Informationen über den oder die geforderten
Kasus zu finden.

⊃ **Aufgaben**

a) Wähle fünf der folgenden Verben aus und formuliere mit Hilfe zweier Objekte passende Sätze.

   mitteilen, sagen, schreiben, verbieten, verschweigen, versprechen, zeigen
   beantworten, beweisen, bringen, erlauben, geben, schicken, senden, schenken

1. _____

2. _____

3. _____

4. _____

5. _____

b) Markiere in deinen Sätzen den Dativ mit grün und den Akkusativ mit gelb.

c) Stelle die Satzglieder in zwei deiner Sätze um und schreibe sie auf. Welches Objekt rückt an die erste Stelle?
   Was verändert sich, wenn du das andere Objekt nach vorne rückst?

(   ) _____

(   ) _____

Veränderungen: _____

Verben mit Genitiv

Manche Verben regieren den Genitiv.
Da diese Formen eher im schriftsprachlichen Gebrauch
zu finden sind, werden sie als ungewöhnlich empfunden.

⊃ **Aufgaben**

a) Wähle aus der folgenden Übersicht fünf
Verben aus und formuliere grammatikalisch
richtige Sätze mit Genitiv-Ergänzungen.

Verben, die den Genitiv fordern

sich etwas freuen – sich etwas sicher sein – sich etwas bewusst sein – sich einer Sache bedienen – einer Sache bedür-
fen – jmdn. einer Sache beschuldigen, bezichtigen – jmdn. des Amtes entheben – sich einer Sache erfreuen – sich einer
Sache erinnern, entsinnen – sich einer Sache rühmen – sich einer Sache schämen – jmdn. einer Sache überführen

Sätze mit Verb + Genitiv:

1. _____

2. _____

3. _____

4. _____

5. _____

DAS NOMEN – DIE NOMINA

Du kannst dir den Fachbegriff am besten durch seine Verbindung mit Pronomen (Fürwort – also Ersatzwort eines Nomens) oder mit Nominalisierung einprägen. Das Nomen erhält durch seine **Großschreibung** im Satz ein auffälliges Merkmal. Aber: Eindeutschungen wie „Hauptwort", „Dingwort" oder „Namenwort" sind irreführend, da sie jeweils nur einen Teil der Bedeutungsvielfalt kennzeichnen. So sind Nomen nicht nur konkrete „Dinge" oder Bezeichnungen im Sinne von „Namen", sondern auch abstrakte Begriffe wie *Lernmotivation* oder komplexere Eigennamen wie *der Kategorische Imperativ*. Man unterscheidet daher auch **Konkreta** und **Abstrakta**.

Nomina besitzen ein **Genus**, einen **Numerus** und einen **Kasus**. Das Genus, das grammatische Geschlecht – also Femininum, Maskulinum, Neutrum – ist festgelegt, kann aber nicht grundsätzlich mit dem natürlichen Geschlecht gleichgesetzt werden. Steht das Nomen alleine, kann das Genus durch eine Einsetzprobe (z. B. *ein/e gute/s ...* ermittelt werden). Der Numerus (grammatische Zahl: Singular, Plural) wird durch die Flexion von (falls vorhanden) Artikelwort und/oder Adjektiv sowie des Nomens angezeigt. Der Kasus (Nominativ, Akkusativ, Dativ und Genitiv)[4] zeigt sich an den jeweiligen Flexionsformen oder muss im Falle von Gleichheit (z. B. *Zahl, Herrn)* durch die Abhängigkeit vom finiten Verb ermittelt werden. Du kannst ihn auch mit Satzgliedfragen oder Fragepronomina ermitteln. (vgl. S. 97 f., z. B. *Wen? Wem? Wessen? ...)*

Der Numerus und das Genus

⮑ **Aufgaben**

a) Ergänze die Artikel der folgenden Nomina und setze alle pluralfähigen jeweils mit Artikel in den Plural.

	Plural			Plural
der Löffel	die Löffel	Gabel		
Atlas		Ferien		
Spätzle		Armut		
Symbolik		Kaktus		
Journal		Interesse		
Egoismus		Virus		
Kleidung		Unkosten		
Metapher		Desinteresse		
Geschwister		Gen		
Bruder		Urlaub		
Blog		Basis		
Ausdruck		Wärme		

---

4   Reihenfolge vgl. passim Dudenredaktion (Hrsg.): Duden 4. Die Grammatik. Berlin: Bibliographisches Institut GmbH, 2016.

b) Schreibe auf, welche Besonderheiten dir in Aufgabe a) auffallen.

_____

_____

_____

_____

c) Endungen sind Signale für das Genus.
Notiere jeweils den Artikel vor den Nomina und finde weitere Wortbeispiele.

Menschheit,	Perspektive,
Wachstum,	Erlebnis,
Liebelei,	Zellulose,
Realismus,	Tablett,
Natur,	Teppich,
Argument,	Kenntnis,
Irrtum,	Subjunktion,

d) Bei welchen Endungen gibt es unterschiedliche Artikel? Schreibe auch diese Artikel auf.

_____

_____

_____

_____

Der Kasus – die Kasus

> Der Kasus Knaxus sagt man, wenn man das A und O, die Hauptsache, des Pudels Kern meint. Und: „Des Pudels Kern" steht im Genitiv und stammt von J. W. v. Goethe.

Die Kasus (sprich: langes „u") sind Kennzeichen von Nomina, die durch andere Wortarten im Satz bestimmt werden. Im Deutschen sagt man auch Fälle dazu.

Der **Nominativ** (von lat. *nominare* = *nennen*) bezeichnet ein unverändertes Nomen oder andere deklinierbare Wortarten. Da ein Subjekt/mehrere Subjekte im Nominativ stehen, kommt er somit am häufigsten vor, gibt aber (außer dem Numerus und Genus, s. o.) keine weitere Information.

Der **Akkusativ** (von lat. *accusare* = *anklagen*) ist eine Ergänzung des finiten Verbs und muss daher immer im Zusammenhang damit gesehen werden. Wie du gesehen hast, gibt es Verben, die den Akkusativ **und** den Dativ fordern (s. Übersicht im Kapitel *Das Verb – Verben*). Der **Dativ** (von lat. *dare* = *geben*) ist oft an eine Aktion gekoppelt.

In neueren Grammatikwerken ist der **Genitiv** (indirekt von *abstammen*) als letzter Fall aufgeführt, da in den Deklinationslisten am gleichbleibenden oder sich verändernden Genitiv abgelesen werden kann, ob einige andere Fälle auch verändert werden müssen. Hat der Genitiv Singular keine Endung, bleiben auch Akkusativ und Dativ unverändert (vgl. *Frau* und die Veränderungen bei *Freund*). Allerdings zeigt sich der Kasus eher an den flektierten Artikeln oder Adjektiven innerhalb einer Nominalgruppe.

Kasus	keine Veränderung	Veränderung im Genitiv	Eigennamen mit Endung s-Laut Veränderung im G.	Eigennamen mit anderer Endung Veränderung im G.
Nominativ	die Frau (ist)	der Freund (ist)	Max (ist)	Lena (ist)
Akkusativ	die Frau (sehen)	**den** Freund (verstehen)	Max sehen	Lena sehen
Dativ	**der** Frau (schreiben)	**dem** Freund (schreiben)	Max schreiben	Lena schreiben
Genitiv	(der Brief) **der** Frau	(der Brief) **des** Freund**[e]s**	Max' (Buch)	Lena**s** (Buch)

Kasus	Besonderheit Veränderung auch im Akkusativ und Dativ	Plural hier: Veränderung im Dativ	Plural keine Veränderung	Häufig gebraucht
Nominativ	[der] Herr [Z.] (ist)	die Freunde (sind)	die Menschen	der Autor/die Autorin
Akkusativ	**[den]** Herr**n** [Z.] (sehen)	die Freunde (sehen)	die Menschen	**den** Autor/**der** Autorin
Dativ	**[dem]** Herr**n** [Z.] (schreiben)	**den** Freunde**n** (schreiben)	**den** Menschen	**dem** Autor/**der** Autorin
Genitiv	(der Brief) **des** Herr**n** Zahn oder Herr**n** Zahn**s** **(aber:** Herr**n** Schmitz')	(der Brief) **der** Freunde	**der** Menschen	**des** Autor**s**/**der** Autorin

⮑ **Aufgaben**

a) Entscheide zwischen Akkusativ *(Wen?)* und Dativ (We*m*?). Ergänze die Endungen und notiere die Kasus mit (A) oder (D).

Endlich wieder Sportunterricht zu haben, das freute ih_____ (___) sehr. Er liebte vor allem d_____ (___) Mannschaftssport und besonders die Ballsportarten. Mit andere_____ (___) zusammen um d_____ (___) Sieg zu kämpfen, bedeutete ih_____ (___) sehr viel. Richtig verstanden war Kameradschaft kein hohles Wort. Einer für alle, alle für ein_____ (___). Ih_____ (___) kam es nicht auf egoistisch_____ (___) Einzelkämpfertum an, sondern mit d_____ Team-Kamerad_____ (___) gemeinsam ein_____ schön_____ (___) Spielzug zu gestalten. Nicht gleich d_____ erst_____ (___) Ball übers Netz zu schmettern und vor lauter Vorführeffekt die Linie zu verfehlen, d_____ Mitspieler_____ (___) eine schöne Vorlage zu liefern. Er wollte de_____ (___) Team dienen und nicht irgendjemand_____ (___) die Schau stehlen. Er war ein echter Team-Player. Und das Team hatte er lange Zeit vermisst!

b) Verben und Präpositionen können den Genitiv fordern. Markiere die Genitiv-Wortgruppen. Unterstreiche dann die Bezugs(pro)nomen sowie die Verben oder Präpositionen, die den Genitiv fordern.

Ein wunderschöner Tag! Sie freute sich des Lebens. Während der Homeschooling-Zeit waren ihr zuerst nur das Chatten und Skypen mit ihren Freundinnen und Freunden geblieben. Irgendwann wollte es der Zufall (oder auch nicht!), dass ihr ein unbenutztes Buch mit kunstvollem Verschluss, Geschenk ihrer Patentante zum 15. Geburtstag, in die Hände fiel. Dessen handgeschöpfter Papiereinband hatte sie schon immer begeistert. Nun sollte es also ihr Begleiter durch einsame Zeiten werden. Wegen der unbändigen Neugier ihrer Geschwister verwahrte sie es an einem sicheren Platz und kritzelte tagsüber nur Stichworte auf Post-its, die sie in der Hosentasche aufbewahrte. Spätabends konnte sie sich dann der Ruhe vor den „Quälgeistern" sicher sein und schrieb ganz verschiedenartige Texte: Gedichte, einige fast wie Songtexte, kleine Geschichten – Seufzer einer bedrückenden Zeit.

Fortsetzung auf der nächsten Seite

Und heute nahm sie nach langer, ja, sehr langer Zeit das Buch wieder zur Hand. Nie war sie sich ihrer Schreibkunst bewusst gewesen. War sie das, die das alles gedichtet, erzählt, berichtet hatte? Und nie hatte sie sich mehr gefreut – über die wunderbare Sorglosigkeit eines „normalen" Tages.

Nominalgruppe

> Sie besteht im Kern aus einem Nomen, das **links** durch Artikelwörter, Pronomina, Adjektive/Adjektivgruppen oder auch **rechts** angeschlossene Attribute erweitert werden kann; z. B. *das große karierte Heft der Schülerin.* Nominalgruppen können an verschiedenen Satzpositionen auftreten. Eine Nominalgruppe muss also nicht nur ein Subjekt sein.

➲ **Aufgaben**

a) Markiere die Nomen bzw. Nominalgruppen in den Sätzen aus M2 *Nachhaltiger leben – Bewege den Tag!* Bestimme sie nach Genus, Numerus und Kasus wie im Beispiel.

Nicht alles, was wir konsumieren, muss neu sein. Dieser Gedanke *greift allmählich. Neben den*
_____ m. Sg. Nom. _____

klassischen Secondhandläden gibt es immer mehr Initiativen, die auf alternative Konzepte setzen.
_____

Zum einen sind Flohmärkte heutzutage häufig spezifisch auf ein Zielpublikum ausgerichtet, etwa nur
_____

für Damenbekleidung *oder Markenartikel.*
_____ f. Sg. Akk. _____

b) Ergänze fehlende Endungen innerhalb der Nominalgruppen und notiere jeweils den Kasus in der Klammer.

Während der Corona-Auszeit war viel____ Mensch____ (_____) bewusst geworden, dass ein___konsequent_____Einhalt____ (_____) der Verhaltenshinweis____ und Verbot____ (_____) für die Gesellschaft bedeutsam war. Mundschutzmaske_____ (_____) wurden zwar zunächst von viele____ (_____) kritisch betrachtet; doch waren nach Einführung dies_____Pflicht_____ (_____) die meist_____Kunde_____ (_____) bereit, diese bei_____Einkauf_____ (_____) zu tragen. Nach einig_____Tag_____ (_____) konnte man schon manch____ sehr kreativ_____ selbstgenäht_____ Exemplar_____ (_____) bestaunen. Es dauerte allerdings etwas, bis sich die überwiegend_____ Mehrzahl____ (_____) der Bevölkerung____ (_____) an die Abstandsregelung_____ (_____) gewöhnen konnte. Dazu bedurfte es bereits nach wenig_____Tag_____ (_____) genau_____Markierung_____, Absperrung_____ und zahlenmäßig_____ Beschränkung_____ der Kund____ (_____) in Ladengeschäften. Zusätzlich_____Hygienemaßnahm_____ (_____) wie transparent_____ (_____) Virenschutz aus Plexiglas, häufig_____Händewasch_____ (_____) und teilweise auch das Tragen von Einweghandschuh____ (_____) wurden von ein_____groß_____Teil____ (_____) der Bevölkerung schnell verinnerlicht und angewandt.

ARTIKELWÖRTER: ARTIKEL UND PRONOMEN

> Die Nominalgruppe kann neben den Nomen aus Artikelwörtern, Adjektiven und anderen Wortarten oder Satzgliedteilen bestehen. Der Oberbegriff **Artikelwort** kennzeichnet die Artikel und Pronomina, die vor dem Nomen stehen.
>
> Artikel können bestimmt oder unbestimmt sein. Pronomina sind eine große Wortgruppe. In der Nominalgruppe können etwa Possessivpronomen (z. B. *mein* ...), Demonstrativpronomen (z. B. *dies* ...), Indefinitpronomen (z. B. *irgend* ...) vorkommen. Ist kein Artikel verwendet, spricht man von einem **Nullartikel**.
>
> Kann zwischen zwei Adjektiven ein *und* eingesetzt werden, wird ein Komma gesetzt.
>
> Beispiel: *Irgendein schwerer schwarz-rot-gemusterter, tailliert geschnittener Abfahrtsski lag auf der Piste.*

⊃ **Aufgaben**

a) Erweitert folgende Nomen mit möglichst vielen Artikelwörtern und Adjektiven zu Nominalgruppen. Achtet auf den jeweiligen Kasus. Wer wohl die längste Nominalgruppe notiert hat?

	Klasse
	Laufschuh
	Präsentation

b) Ordne den unterstrichenen Nominalgruppen die Kennziffer der entsprechenden Wort-Kombination aus c) zu.

Mein Freund blickte hin und lächelte. „Sie haben da <u>einen raren Vogel</u> ____ an Bord, den Czentovic." Und da ich offenbar <u>ein ziemlich verständnisloses Gesicht</u> ____ zu dieser Mitteilung ____ machte, fügte er erklärend bei: „Mirko Czentovic, <u>der Weltschachmeister</u> ____ . Er hat ganz Amerika von Ost nach West mit Turnierspielen abgeklappert und fährt jetzt zu <u>neuen Triumphen</u> ____ nach Argentinien." In der Tat erinnerte ich mich nun <u>dieses jungen Weltmeisters</u> ____ und sogar <u>einiger Einzelheiten</u> ____ im Zusammenhang mit <u>seiner raketenhaften Karriere</u> ____ ; mein Freund, <u>ein aufmerksamer Zeitungsleser</u> ____ als ich, konnte sie <u>mit einer ganzen Reihe</u> ____ von Anekdoten ergänzen.[5]

c) Füge in der Tabelle zu jeder Wort-Kombination ein eigenes Beispiel hinzu.

❶ unbest. Artikel → Adjektiv → Nomen	❷ Nullartikel → Adjektiv → Nomen	❸ Demonstrativpron. → Adjektiv → Nomen	❹ Demonstrativpron. → Nomen
❺ Indefinitpron. → Nomen	❻ best. Artikel → Nomen	❼ Possessivpron. → Adjektiv → Nomen	❽ unbest. Artikel → Partikel → Adjektiv → Nomen

---

5   Stefan Zweig: *Schachnovelle.*

DAS ADJEKTIV – DIE ADJEKTIVE

Adjektive (lat.-griech. *das Hinzugefügte)*, oft Eigenschaftswörter genannt, können in verschiedenen Positionen und Funktionen im Satz auftreten. Als Attribute in der Nominalgruppe sind sie meist deklinierbar und komparierbar. Wenige feste Wendungen wie *ruhig Blut (bewahren), gut Ding (will Weile haben) oder gut Freund (sein)* haben verkürzte, unflektierbare Adjektive.

Eine Besonderheit stellen Farbadjektive – vor allem fremdsprachliche – dar. Sie werden umgangssprachlich häufig nicht regelkonform flektiert: eine *lila* (nicht: lilane) Hose; eine *pinkfarbene* Tasche (nicht: pinke oder pinkene), ein *orangefarbenes* Shirt (nicht. oranges oder orangenes); ein *türkisfarbenes* (nicht: türkises) Tuch. Es ist sprachlich sicherer, mit Präpositionen (*in Pink, in Türkis* usw.) zu formulieren oder Komposita mit *-farben* (*beigefarben, taupefarben*) zu bilden.

Viele Adjektive können als Adverbien verwendet werden. Nicht immer sind sie komparierbar (s. auch S. 100). Die Komparationsstufen sind der Positiv (*gut*), der Komparativ (*besser*) und der Superlativ (*am besten*). Auch wenn es sich verbreitet hat, ist *der Einzigste* sprachlich nicht korrekt, da er ja schon *einzig*(artig) ist.

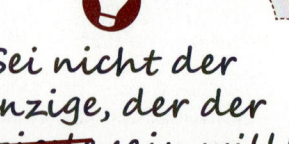

Sei nicht der Einzige, der der ~~Einzigste~~ sein will!

⊃ **Aufgaben**

a) Formuliert Sätze mit Vergleichen. Drückt diese mit als oder wie aus.

Beispiel: Ich bin (genauso) **so groß wie** Paula. Du bist **größer als** sie. _____

hoch springen im Sport: _____

_____

lang tauchen können: _____

_____

meiner Oma nahe stehen: _____

_____

b) Geht's noch (mehr)? Welche Superlative sind grammatikalisch falsch? Streiche sie durch.

die qualifizierteste Moderatorin – zur vollsten Zufriedenheit – mit freundlichsten Grüßen –

die maximale Traglast – die höchstwertigste Qualität – das meistbegehrte Tablet –

das schwärzeste Schwarz ist Ventablack – das optimalste Ergebnis –

das bedingungsloseste Zugeständnis – der urkomischste Witz – die blitzgescheiteste Quizzerin –

das meistgekaufteste Smartphone – die weitesttragendste Entscheidung – die herausragende Qualität –

das übermäßigste Trainingspensum – die vermeintlichste Lösung – die klügste Quizzerin –

die baldmöglichste Antwort – das optimale Resultat – das bestmögliche Prüfungsergebnis

c) Das sind keine Nominalisierungen! Schreibe richtig im Superlativ.

gut – besser – am _____   *leise – leiser – am* _____

viel – mehr – am _____   *schwer – schwerer – am* _____

treffend – treffender – am _____   *cool – cooler – am* _____

d) Ist *okay* steigerbar? _____

Nicht flektierbare Wortarten

DAS ADVERB – DAS ADVERBIAL

Adverbien gehören, wie der Begriff es sagt, zum Verb und sind nicht deklinierbar. Wenige können kompariert werden. Von der Funktion im Satz her bezeichnen sie **Umstände** näher, die eine Handlung, ein Ereignis oder einen Zustand kennzeichnen. Die Gefahr der Verwechslung von Adjektiven mit Adverbien besteht darin, dass Adjektive manchmal als Adverbien auftreten können. Die lateinische Vorsilbe *Ad-* in beiden Fachbegriffen ist vermutlich dafür verantwortlich. Es ist also wichtig, klar zu unterscheiden.

Adverbien können mit verschiedenen Wortarten verbunden sein und damit bestimmte Funktionen übernehmen:
Kommentaradverbien wie *leider, sicherlich, glücklicherweise*;
Konjunktionaladverbien wie *trotzdem* oder *außerdem*;
Pronominaladverbien wie *da(rauf), hier(auf), wo(rauf)* (sowie die Kombinationen mit *-zu, -durch, -mit, -unter*);
Interrogativ-/Frageadverbien wie *Wo? Wie? Was? Warum?*;
Relativadverbien als Einleitung von Relativsätzen mit *wo, wohin, wie, warum* usw.

⮌ **Aufgaben**

a) Lest die Tabelle. Formuliert bei unbekannteren Wörtern kurze Beispielsätze.

b) Ergänzt zu jeder Art von Adverbien in der jeweiligen Zeile jeweils mindestens fünf weitere Beispielwörter.

Es gibt etliche verschiedene Inhaltskategorien von (absoluten) Adverbien:

Temporaladverbien:	montags, feiertags, bald, gestern, kürzlich, immer, häufig
Kausaladverbien:	also, demnach, demzufolge, deshalb, folglich, gelegenheitshalber, somit
Lokaladverbien:	abwärts, dort, hinein, irgendwo, rechts, nebenan, überall
Modaladverbien:	anders, beinahe, bekanntlich, genauso, möglicherweise, sehr, vielleicht

c) Diese Schreibweise begegnet dir häufig. Was ist hier falsch? Streiche den Fehler durch.

_____

d) Formuliere einen sinnvollen Satz, in dem die Schreibweise korrigiert ist.

_____

_____

e) Benenne die markierten Adverbiale in folgendem Textausschnitt aus *Lieblingsstück* (Prosa, **M 2**).

> **Adverbiale** (Umstandsbestimmungen) sind Wortgruppen, die ausführlichere Informationen zu anderen Wortarten liefern. **!**

Sonnenstrahlen ergossen sich über die saftig-grün

sprießenden Wiesen (_____). *In diesem Jahr*

(_____) *war der Frühling einen Monat zu früh* (_____)

dem nicht vorhandenen Winter entschlüpft. Blütentupfer überzogen die ersten vor Kurzem noch

(_____) *kahlen Sträucher und Bäume mit einem milden Schleier und viele Vögel*

waren schon seit einigen Wochen wieder (_____) *von ihren Langstreckenflügen zurück.*

DIE PRÄPOSITION – DIE PRÄPOSITIONEN

!

> **Präpositionen** geben Beziehungen und Verhältnisse zwischen räumlichen *(hinter)*, zeitlichen *(nach)*, ursächlichen *(wegen)* und anderen Gegebenheiten an. Sie sind unveränderlich und kommen als meist *kurze* Wörter oft vor. Zudem werden viele Wortgruppen durch Präpositionen eingeleitet, z. B. auch Präpositionalgruppen *(Wir warten auf die Eröffnung des Spiels.)* oder Nominalgruppen *(in guter Stimmung)*.
>
> Eine besondere Schwierigkeit ist bei Präpositionen die Forderung nach bestimmten Kasus, und hier vor allem **Präpositionen, die den Genitiv fordern:**
> *während, wegen, anhand, angesichts, bezüglich, einschließlich, hinsichtlich, links/rechts, mangels, mittels, trotz, vorbehaltlich, zugunsten …*

⮑ Aufgabe

a) Formuliert drei Sätze mit Präposition und Genitiv.

1. _____

2. _____

3. _____

DIE PARTIKEL – DIE PARTIKELN

⮑ Aufgaben

a) Lest euch den folgenden Satz mit wechselnden Partikeln sinnbetont vor. Sprecht über die jeweilige Sprecherabsicht und die Wirkung auf den Hörer.

> *Der Ton macht die Musik!*

Ich habe	aber	für die Prüfung gelernt.
	auch	
	bloß	
	doch	
	eben	
	eigentlich	
	einfach	
	halt	

> **Partikeln** sind nicht flektierbare Wörter, die die Aussage eines Satzes betonen, werten, steigern oder besonders in den Mittelpunkt rücken. Der Sprecher/Schreiber offenbart dadurch seine Haltung und übt daher viel Einfluss aus. Besonders in der gesprochenen Sprache wirken sie bekräftigend und beeinflussend. In der geschriebenen Sprache können sie bisweilen wie Füllwörter wirken (z. B. *halt, ja* oder auch kombinierte Fügungen dieser Wortart).

ja
mal
nicht
noch
nur
schon
übrigens
wohl

b) Verfasst drei Sätze, in welchen drei oder mehr kombinierte Partikeln vorkommen.
Notiert jeweils Stichworte zur Sprecherabsicht.

1. _____

_____

Absicht: _____

2. _____

_____

Absicht: _____

3. _____

_____

Absicht: _____

c) Welche Wirkung haben wohl folgende Entschuldigungsversuche?

1. *Meine Mutter hat mich ja nicht geweckt.* **Wirkung:** _____

2. *Meine Mutter hat mich einfach nicht geweckt.* **Wirkung:** _____

3. *Die Weckfunktion meines Smartphones war eben ausgeschaltet.* **Wirkung:** _____

4. *Ich soll doch mein Smartphone wegen der Strahlung nicht neben dem Bett haben.* **Wirkung:** _____

5. *Ich wollte ja wirklich pünktlich sein.* **Wirkung:** _____

d) Trage einen der Sätze aus c) in die Feldertabelle (s. S. 118) ein. In welchem Feld stehen Partikeln?

e) Beschreibe die Veränderung der Satzaussage, wenn du die Partikel(n) weglässt.

_____

f) Was muss daher allgemein beim Gebrauch von Partikeln beachtet werden? Bedenke z. B. den Stil beim Argumentieren oder bei der Textbeschreibung.

_____

Grammatik des Satzes und der Satzarten

⊃ Aufgaben

a) Recherchiere das Datum des Earth Overshoot Days 2020. Formuliere zusammen mit den folgenden Bestandteilen einen inhaltlich und grammatikalisch korrekten Satz.

> **Bausteinkiste**
>
> Angebot – derjenige Tag – Earth Overshoot Day – Erdüberlastungstag – größer – jährliche Kampagne – Nachfrage – nachwachsende Rohstoffe – Menschheit – Organisation Global Footprint Network – Ressourcen

_____

_____

b) Welche Wortart fehlt bei den Bausteinen und wird zum Bedeutungsträger dieses Satzes?

_____

DAS VERB (Prädikat) als Satzklammer

Das **Verb** hat (bzw. die im Prädikat befindlichen Verben haben) im Deutschen eine unverrückbare Position. Diese ist durch die Felder *Linke Satzklammer (LSK)* und *Rechte Satzklammer (RSK)* festgelegt. Die Besetzung mit *finiten Verben (Vfin)* zeigt die Satzformen an.

- **Verbzweitsatz (V2):** Er ist der „Normalfall" (herkömmlich: Hauptsatz; besser wäre: Basissatz).
  Varianten: insbesondere Aussagesatz oder Fragesatz mit *Vorfeld (VF)*-Besetzung:
  > *Welche Note strebst (Vfin) du im Fach Deutsch an?*

- **Verberstsatz (V1):** Das *Vorfeld* bleibt unbesetzt und der Satz startet mit dem *Vfin* in der *LSK*.
  Varianten: Entscheidungsfragen: *Hast (Vfin) du deine Tasche vergessen?*
  Imperativsätze: *Lies (Vfin) bitte den Text vor!*
  V1-Sätze, die eigentlich verkürzte Konditionalsätze sind:
  Sollte (Vfin) das Wetter gut sein, so … statt: *Falls das Wetter gut sein sollte, …*

- **Verbletztsatz (VL):** Die *RSK* ist mit dem *Vfin* besetzt, während das *Nachfeld (NF)* unbesetzt bleibt. Sie sind durch Subjunktionen eingeleitet und im Allgemeinen daher **Nebensätze/Gliedsätze**.
  Varianten: Nebensätze, die alleine stehen und (durch den Entfall des Hauptsatzes) **Ellipsen** bilden:
  Dass du das für möglich hältst!
  Relativsätze: *die sich schon sehr darauf freut (Vfin)*; vgl. komplexes Satzgefüge, S. 119
  indirekte Fragesätze (Interrogativsätze) *[Es fragt sich]*, *wo er seinen Laptop hat (Vfin)*.

DAS FELDERMODELL

Indem Satzglieder und Wortgruppen und die Satzklammer (finite und infinite Verben des Prädikats) in ein Felder-Layout eingeordnet werden, wird das **GRUNDMUSTER der Satzformen** verdeutlicht. Die Übersicht zeigt dir die wichtigsten Felder dieses Modells.

Im **Downloadbereich** findest du eine Vorlage der Feldermodell-Tabelle.

Koordinations-feld	Vorfeld	Linke Satzklammer	Mittelfeld	Rechte Satzklammer	Nachfeld
nebenordnende Konjunktionen: *und, aber, oder, doch, denn …* Adverbien: *danach, davor, trotzdem …*	unbesetzt oder ein (auch durch mehrere Satzgliedteile erweitertes) Satzglied	finite VF oder ganzer Neben-/ Gliedsatzsatz (unbesetzt nur, wenn VL-Sätze ganz eingeordnet werden)	ein oder mehrere Satzglied/er	übrige Verbformen oder Teile zusammengesetzter Verben oder Redensarten (Infinitive, Partizipien)	unbesetzt oder bis zu mehreren Satzgliedern

⮌ Aufgaben

a) Das kannst du bereits. Ordne folgende Sätze in die Felder-Tabelle ein. Notiere jeweils die Satzform.

1. *Wäre doch nur die Prüfung schon abgeschlossen!* **Satzform: V** _____

2. *Sollen wir uns wegen der Vorbereitung nochmals treffen?* **Satzform: V** _____

3. *Wir müssen die Fachbegriffe nochmals wiederholen und die Übungen dazu erledigen.* **Satzform: V** _____

Weitere Vertiefung: das komplexe Satzgefüge

Sätze können viele Nebensätze und eingebettete Beifügungen oder Wortgruppen enthalten. Ebenso können Nebensätze wiederum weitere Nebensätze oder Wortgruppen einbetten. Optisch veranschaulicht kann ein solches komplexes Satzgefüge so dargestellt werden:

Da die Musikschule, die immer mittwochnachmittags, wenn der Schulunterricht beendet ist, stattfindet,
   1a Kausalsatz   *2a Relativsatz*   *3 Konditionalsatz (VL)*   *2b Relativsatz (VL)*

diese Woche entfällt, macht Anna einen Besuch bei Lena, die sich schon sehr darauf freut,
   1b Kausalsatz (VL)   *4 HS (V1)*   *5 Relativsatz (VL)*

mit ihr endlich wieder in Ruhe reden zu können.
   6 Infinitivgruppe

In der Feldertabelle kann dieses Satzgefüge so eingefügt werden:

KOORD	VF	LSK	MF	RSK	NF
		Da	die Musikschule, die immer mittwochnachmittags,		
		wenn	der Schulunterricht	beendet ist,	
				stattfindet,	
			diese Woche	entfällt,	
		macht	Anna einen Besuch bei Lena,		
		die	sich schon sehr darauf	freut,	mit ihr endlich wieder in Ruhe reden zu können.

Eine Subjunktion kann VF und LSK oder nur LSK besetzen, während nebenordnende Konjunktionen *(und, oder* usw.) und Adverbien *(danach, daher, trotzdem* usw.) im **Koordinationsfeld** stehen. Nebensätze können entweder mit den einzelnen Bestandteilen (vgl. 3 Konditionalsatz und 5 Relativsatz) eingetragen werden. Sie können auch je nach Betonung (Wichtigkeit) im Vor- oder Nachfeld stehen.

⮌ Aufgaben

a) Der berühmte Schriftsteller Mark Twain hat bedeutungsvolle geflügelte Worte und Lebensweisheiten geschaffen, da er ein Meister der Schreibkunst war.
Notiere zuerst die Satzformen (kennzeichne *Vfin*) und ordne seine Zitate (zur Absicherung) in die Feldertabelle ein.

1. *„Tatsachen muss man kennen, bevor man sie verdrehen kann."* **Satzformen:** _____

2. *„Verschiebe nicht auf morgen, was auch bis übermorgen Zeit hat."* **Satzformen:** _____

3. „*Gib jedem Tag die Chance, der schönste deines Lebens zu werden.*" **Satzformen:** _____

4. „*Wenn wir bedenken, dass wir alle verrückt sind, ist das Leben erklärt.*" **Satzformen:** _____

5. „*Freundlichkeit ist eine Sprache, die Taube hören und Blinde lesen können.*" **Satzformen:** _____

b) Gestalte drei verschiedene Satzgefüge mit den folgenden Sätzen und Wortgruppen, indem du mit passenden Subjunktionen und Umstellungen Nebensätze oder Wortgruppen bildest.
Trage einen Satz in die Feldertabelle ein.

> **Sätze und Wortgruppen**
>
> einen Text ins Reine schreiben – es ist sehr wichtig – einen Text sorgfältig überarbeiten – handschriftliche Quellen berühmter Schriftstellerinnen und Schriftsteller beweisen das – du kannst sie z. B. im Marbacher Literaturarchiv bewundern

1. _____

_____

_____

2. _____

_____

_____

3. _____

_____

_____

c) Was wird in den Sätzen jeweils hervorgehoben? Vergleiche die unterschiedlichen Betonungen der Sätze. Welcher Satz ist für dich der stimmigste? Begründe.

1. Hervorhebung: _____

2. Hervorhebung: _____

3. Hervorhebung: _____

Der stimmigste Satz ist Nr. [ ] , da _____

_____

d) Beschreibe die Schwierigkeit, ein komplexes Satzgefüge zu formulieren.

_____

_____

_____

e) Begründe, weshalb es nicht sinnvoll ist, viele Sätze mit mehr als zum Beispiel siebzehn Wörtern zu formulieren.

_____

_____

Oh, das sind ja 17 Wörter!

DIE SATZGLIEDER: SUBJEKT, PRÄDIKAT, OBJEKT

Sätze sind keine beliebigen Abfolgen von Wörtern, sondern unterliegen Regeln, wie Wortgruppen und Satzglieder geordnet sein sollten. Will man von einem Normalsatz sprechen, so könnte das im Deutschen die Reihenfolge: **Subjekt(e), Prädikat, Objekt(e)** und **Ergänzungen** sein. **Dativ-Objekt** und **Akkusativ-Objekt** werden gewöhnlich in dieser Abfolge angeordnet.

Im Feldermodell spricht man eher von Wortgruppen als von Satzgliedern. Dennoch musst du die Satzglieder kennen. Wenn du die Fragen zur Ermittlung der Satzglieder verstanden hast und sinnvoll formulieren kannst, sind diese eine Hilfe, informationsreiche Sätze zu bilden.

Beispielsatz: *Sie übergibt der Lehrerin das fertiggestellte Lernpaket zur Sichtung und späteren Rückmeldung.*

Subjekt-Frage	**Wer** (Person?) oder **was** (Sache?) übergibt der Lehrerin ...?	Sie
Prädikat-Frage	**Welche Tätigkeit, welcher Zustand** ist als Verb oder Verbgruppe genannt? (Verbindung mit Subjekt)	(Sie) übergibt
Frage nach Dativ-Objekt	**Wem** (Person?) oder **was** (Sache?) übergibt sie ...?	der Lehrerin
Frage nach Akkusativ-Objekt	**Wen** (Person?) oder **was** (Sache?) übergibt sie?	das Lernpaket
Erfragung weiterer Satzglieder oder -teile	**Zu welchem Zweck** übergibt sie ...? **Wozu**?	zur Sichtung und späteren Rückmeldung

(s. Adverbiale und Wortgruppen)
hier: kausal oder final

⮑ **Aufgaben**

a) Formuliere die Fragen und Antworten zu folgendem Satz:

Wir werden demnächst alle unsere Aufgaben zur Prüfungsvorbereitung gemacht haben.

Subjekt-Frage		
Prädikat-Frage		
Frage nach Dativ-Objekt		
Frage nach Akkusativ-Objekt		
Erfragung weiterer Satzglieder oder -teile		

b) Notiere zu den folgenden Sätzen aus *Lieblingsstück* in den Leerzeilen die Satzglieder S, P, O, Adverbiale.

Unwirsch schob er den Kram zusammen und warf ihn zurück in die Kiste.

_____

Seine Wände starrten ihn wie aus großer Entfernung an.

_____

NEBENSÄTZE – GLIEDSÄTZE

Da **Nebensätze** eine Satzgliedfunktion im Satz erfüllen, können sie auch als **Satzglied- oder Gliedsätze** bezeichnet werden. Keinesfalls enthalten sie Nebensächlichkeiten, wie der Begriff es vermuten lassen könnte. Es sind vielmehr weitere Informationen und Ergänzungen, die kompakt in einen Hauptsatz (Vorschlag zur Verdeutlichung: Basissatz) eingebettet sind. Die folgende Grafik zeigt die unterschiedlichen Arten.

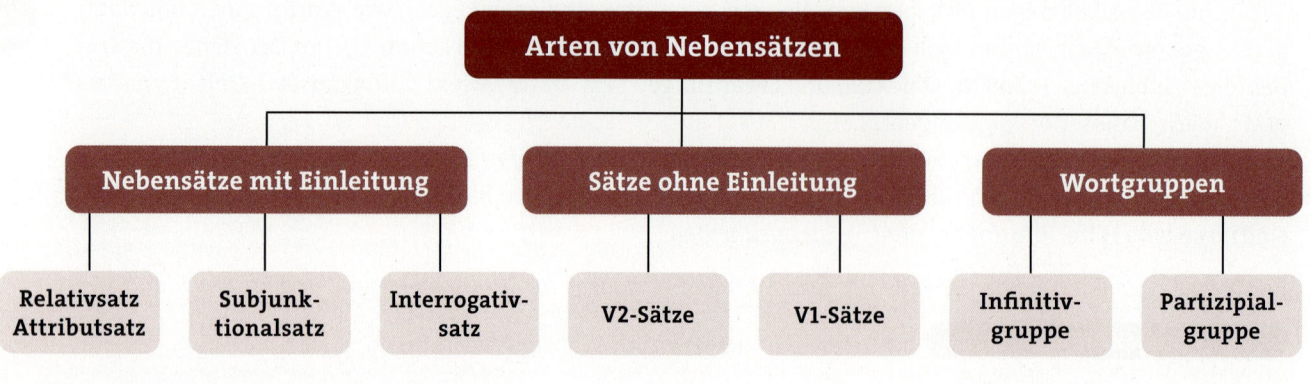

⮑ Aufgaben

a) Ordne folgende Nebensätze einer Kategorie zu.

1. ... um die Blätter zu ordnen.	
2. ... der das alles verursacht hatte.	
3. ... obwohl sie zu spät kam.	
4. ... schweigend und sinnierend.	
5. ... weshalb sie das Buch vergessen hatte.	

b) Was ist unter uneingeleiteten Nebensätzen zu verstehen? Findest du Beispiele für V1- und V2-Nebensätze?

_____

_____

Satzgliedteile: Attribute und Attributsätze

Attribute sind Teile von Satzgliedern oder Wortgruppen, so z. B. die Adjektive oder Partizipien, die als genauere Bestimmungen in Nominalgruppen verwendet sind. Wie du bereits gesehen hast, können Nominalgruppen nicht nur links, sondern auch rechts durch Attribute erweitert werden. Solche Beifügungen können mit Präpositionen verbunden werden oder aber durch Kommata abgetrennte Appositionen sein.

Beispiel: *ein schöner ausgedehnter, entspannender Morgenspaziergang, eine echte Wohltat zur Abwechslung, ...*

Attributsätze sind **Relativsätze**, da sie sich auf ein Bezugswort beziehen und durch *der, das, welche, was, wo, wohin* usw. eingeleitet sind. Diese müssen im Kasus mit dem Bezugswort übereinstimmen. Sie sind VL-Sätze.

⊃ Aufgabe

a) Schreibe ein Gedicht, das Attribute und Attributsätze enthält, indem du die Lücken ausfüllst.

Aus der Zeit gefallen

Fotos

_____

Gedanken

_____

Wünsche

_____

Sehnsüchte

_____

Hoffnungen

_____

ein Song

_____

Gewissheit

_____

Adverbialsätze

> Adverbialsätze sind **Satzgliedsätze**, indem sie auf ein **Adverbial** zurückgehen. Sie beschreiben Umstände bzw. Verhältnisse eines Geschehens oder Sachverhalts näher. Außerdem ermöglichen sie eine Verkürzung und Verknüpfung verschiedener Informationen. Sie werden mit **Subjunktionen** eingeleitet, die jeweils die Art der Umstandsbestimmung anzeigen (z. B. leitet *seitdem* einen Temporalsatz ein).

⊃ Aufgaben

a) Orientiere dich in der Übersicht. Unterstreiche in den Beispielsätzen die Adverbialsätze.
   Kreise die Kommata ein.

Adverbialsätze			
Art des Adverbialsatzes	**Satzbeispiele**	**Fragepronomen zur Ermittlung**	**Beispiele für Subjunktionen**
1 Zeitangabe (Vor- Gleich- und Nachzeitigkeit) **Temporalsatz**	Bis sie wieder nach Südafrika fliegen kann, dauert es noch.	Seit/bis wann? Wie lange? Wann?	**vorzeitig:** nachdem **gleichzeitig:** als, wenn, da, indem, während, solange **nachzeitig:** bevor, ehe, bis
2 Begründung, Angabe einer Ursache **Kausalsatz**	Die Südafrikareise muss sie noch verschieben, zumal Auslandsreisen momentan nicht möglich sind.	Warum? Weshalb? Aus welchem Grund?	weil, da, zumal; umso mehr/weniger (...) als

3	Angabe einer Bedingung, Voraussetzung, Möglichkeit **Konditionalsatz**	Falls es im nächsten Frühjahr gute Angebote gibt, wird sie die Reise umgehend buchen.	Unter welcher Bedingung, Voraussetzung?	falls, wenn, sofern
4	Angabe einer Folge, Wirkung **Konsekutivsatz**	Ihre Kollegen in Südafrika wird sie zeitnah informieren, sodass diese planen können.	Mit welcher Folge?	(so) dass; sodass
5	Angabe einer Art oder Weise **Modalsatz (auch: instrumental)**	Sie hält sich auf dem Laufenden, indem sie in ständigem Kontakt steht.	Wie? Auf welche Art?	indem, dadurch dass, ohne dass, ohne … zu
6	Angabe einer Absicht, eines Zwecks, Ziels **Finalsatz**	Damit die Austauschschüler vorbereitet sind, müssen diese einiges recherchieren.	Mit welchem Ziel/welcher Absicht? Zu welchem Zweck?	damit, um … zu, auf dass
7	Einräumung, Einschränkung **Konzessivsatz**	Wenngleich sie die Umstände der Absage in diesem Jahr bedauert, war sie doch richtig.	Trotz wessen? Trotz welchen Umstands?	obwohl, obgleich, wenngleich, ungeachtet dass

b) Verwendet die Feldermodell-Tabelle aus dem Download. Tragt drei verschiedene Beispielsätze der Tabelle ein. Was fällt euch bezüglich der finiten Verben auf, wenn auf einen VL-Satz ein V1-Satz folgt?

Wenn der VL-Satz _____

_____

c) Welche Adverbialsätze lassen sich nicht im selben Wortlaut verschieben? Teste die Umstellprobe.

Nummern: _____

d) Stelle die in c) genannten Sätze um und ändere so wenig wie möglich, damit sie inhaltlich logisch sind.

_____

_____

_____

_____

_____

_____

e) Bilde Satzgefüge aus folgenden Sätzen, indem du Adverbialsätze verwendest. Setze die Kommata.

1. _Die Einteilung des Lernstoffs muss ich selbst organisieren. Niemand kennt mein Konzentrationsvermögen so gut wie ich._

_____

_____

2. *Oft habe ich nicht die richtige Einstellung zu meinen Aufgaben. Ich kann mich mit dem Ziel der Prüfung vor Augen immer wieder motivieren.*

_____

_____

3. *Fachbegriffe oder Vokabeln lerne ich erfolgreich. Dabei bewege ich mich nach der Loci-Methode in meinem Zimmer.*

_____

_____

_____

f) Unterstreiche in folgenden Sätzen aus M1 *Persönliche Bindung statt Bildschirm* die Adverbialsätze. Markiere die jeweilige Subjunktion und notiere die Satzart.

1. *Ein vertrauter Anblick: Während mit der einen Hand der Kinderwagen geschoben wird, umklammert die andere ein Smartphone.*

   Art des Nebensatzes: _____

2. *Ist diese nun verärgert, weil sie gerade auf ihrem Smartphone eine unerfreuliche Nachricht erhalten hat, wird auch das vom Kind registriert.*

   Art des Nebensatzes: _____

3. *Auch wenn ein Säugling noch nicht verstehen kann, was gesagt wird, spürt er dennoch die stimmlich ausgedrückte Zuwendung seiner Eltern.*

   Art des Nebensatzes: _____

4. *In Anbetracht dessen ist es eine besorgniserregende Entwicklung, dass oft schon Kleinkinder das elterliche Smartphone bedienen können, weil sie mit digitalen Geräten ruhiggestellt werden.*

   Art des Nebensatzes: _____

g) Diese Neben- oder Gliedsätze hast du nicht unterstrichen, oder etwa doch? Überprüfe sie und unterstreiche die richtige Satzart. Ermittle die Satzglieder mit Hilfe von Fragepronomen oder Einsetzprobe.

2. *[...] noch nicht verstehen kann, was gesagt wird, [...]*

   Art des Nebensatzes: Fragesatz, Infinitsatz, Relativsatz

4. *[...] ist es eine [...] Entwicklung, dass oft schon Kleinkinder das elterliche Smartphone bedienen können, [...]*

   Art des Nebensatzes: Relativsatz, Objektsatz, Subjektsatz

Dass-Sätze

> **Dass-Sätze** können im Gegensatz zu Relativsätzen auch zu Beginn eines Satzgefüges stehen.
> Das hast du mit der Feldertabelle auf S. 124 bei Satz 4 erprobt und erkannt.
> Wenn du dir bewusst machst, **dass** dass-Sätze niemals Attributsätze, also Relativsätze mit dem Relativpronomen *das* sein können, dann wirst du viele Fehler vermeiden können.
> Vor allem solltest du dir einprägen, **dass** es eine Kombination wie die folgende nicht geben kann: *das, das dass*.
> Aber probiere es mal mit „..., *dass das das* ...“ Du kennst bereits den Konsekutivsatz und wenige andere Adverbialsätze, die mit den Subjunktionen *sodass, ohne dass, anstatt dass, dadurch dass* usw. eingeleitet werden.
> Aber: Es gibt weitere Nebensatzarten mit **dass**!

Forschergeist gefragt!
Dass du das schaffst,
ist doch klar, oder?

➲ **Aufgaben**

a) Auch folgende Sätze sind Satzgliedsätze.
Stellt fest, für welches Satzglied sie stehen.
Benenne die Satzart jeweils nach dem Satzglied.

1. *Ich behaupte, <u>dass wir diese Satzglieder mühelos finden</u>.*

Satzglied: _____   Satzart: _____

(evtl. Satzgliedfrage: *W... oder w... behaupte ich?*)

2. *<u>Dass es sich nicht um Prädikate handeln kann</u>, war sonnenklar.*

Satzglied: _____   Satzart: _____

(evtl. Satzgliedfrage: *W... oder w... war sonnenklar?*)

b) Diskutiert: Manche Verben **erzwingen** einen *dass*-Satz. Ohne den Ergänzungssatz machen sie keinen Sinn.
Vervollständigt die beiden Lücken zu einem Merksatz.

Diese *dass*-Sätze können _____ **sätze oder** _____ **sätze sein,**

da sie diese Satzglieder ersetzen.

c) Unterscheide die Subjunktion *dass* von Relativpronomen oder anderen Pronomina *das*.
Fülle die Lücken aus und setze die fehlenden Kommata.

(1) *Eleni wusste von ihrem großen Bruder _____ er seit Tagen _____ Tablet in Beschlag hatte*

_____ *ihr Vater kürzlich für die Familie gekauft hatte.* (2) *Sie stellte ihn also bei nächster Gelegenheit*

zur Rede: „_____ ist schon ein krasses Ding _____ du da abziehst." (3) *„Waaaas denn?", meinte er*

gekünstelt so_____ sie es fast bereute ihn gefragt zu haben. (4) *Aber nun hatte die Wut sie gepackt.*

(5) *„_____ du wieder einen auf ahnungslos machst war mir ja klar, Kleiner!", provozierte sie ihn.*

(6) *„_____ kenne ich doch gar nicht anders von dir.* (7) *Du bist wie immer der Wichtigste auf der*

ganzen großen Welt. (8) *Ein Wunder _____ _____ nicht alle so sehen, was?* (9) *Wo hast du _____*

Tablet versteckt?" (10) *„Und du hältst dich für den Haus-Cop persönlich!* (11) *_____ sehe übrigens*

nicht nur ich so." (12) *„Forget it!", stieß sie giftig aus und wandte sich von ihm ab.* (13) *Im Bad warf sie*

ihre Sportsachen vom Training in den Wäschekorb. (14) *Dort entdeckte sie auf einigen Handtüchern ein*

aufgeklapptes Tablet. (15) *_____ ausgerechnet _____ _____ Ergebnis der Auseinandersetzung*

sein musste ärgerte sie nun fast. (16) *Sie würde es ihm heimzahlen _____ stand fest.*

d) Markiere die Nebensätze mit *dass*. Um welche Nebensatzarten handelt es sich dabei? Nenne sie:

_____

_____

Infinitivgruppe – Partizipialgruppe

Wortgruppen stellen Zusammenhänge her und erweitern Informationen.

Infinitivgruppen enthalten einen mit *zu* erweiterten Infinitiv. Ist der nur mit *zu* erweiterte Infinitiv eng mit dem finiten Verb verknüpft, wird im Normalfall kein Komma gesetzt.

Wird die Infinitivgruppe durch ein **hinweisendes Adverb** *(darauf, daran, dazu ...)*, das Bezugswort *es* oder ein **Nomen/eine Nominalgruppe** angekündigt, **muss** die Gruppe in Kommata eingeschlossen werden. Andere Infinitivgruppen können in Kommata stehen. Das empfiehlt sich meist, zumal der gesamte Satz durch die Gliederungszeichen leichter verständlich wird. Um Missverständnissen bei erweiterten Infinitiven vorzubeugen, muss das Komma an die passende Stelle gesetzt werden.

Beispiel: *Ich plane [,] morgen [,] mit Freunden [,] eine Fahrradtour zu machen.*

Infinitivsätze – also Nebensätze –, die mit den **Subjunktionen** *ohne ... zu, um ... zu, anstatt ... zu, außer ... zu* gebildet werden, müssen durch Kommata vom Hauptsatz getrennt werden. Eine Infinitivgruppe kann auch ein Subjekt ersetzen.

Beispiel: *Eine Fahrradtour richtig zu planen, ist wichtig.*

Wichtig: Mit Infinitivsätzen kann **Abwechslung im Schreibstil** erreicht werden.

⮞ **Aufgaben**

a) Lest euch die Sätze im Wechsel laut vor.
  • Markiert die Infinitivgruppen.
  • Prüft, ob die Infinitivgruppe angekündigt ist und unterstreicht das Bezugswort oder die Wortgruppe.
  • Lässt sich die Infinitivgruppe (der Infinitivsatz) durch einen *dass*-Satz ersetzen?
  • Setzt die Kommata.
  • Lest die Sätze nochmals vor und überprüft die Wirkung der Kommata als Gliederungszeichen.

Ersatzprobe mit dass-Satz

Er achtete stets darauf die Tür geschlossen zu halten.

Er hatte Zeit genug nochmals zu überprüfen, ob die Tür geschlossen war.

Die Tür ist unbedingt zuzumachen.

Es empfiehlt sich die Tür zu schließen.

Die Tür bitten wir geschlossen zu halten.

Sie beharrte darauf die Tür geschlossen zu haben.

Er hatte nichts zu befürchten außer keine überzeugende Erklärung für die offen gelassene Tür zu finden.

Um beruhigt wegfahren zu können ist es wichtig die Tür abzuschließen.

b) Wandle folgende dass-Sätze in Infinitivsätze um.

Ich habe vergessen, dass ich meine Mutter um das Geld für die Lektüre bitte.

Und nun der dass-Satz-Vermeidungstrick! Was für ein schönes Wort!

_____

_____

Dass ich meinen Schreibstil durch Lesen verbessern kann, wurde mir erst in der 9. Klasse bewusst.

_____

_____

Es war aber wichtig, dass ich gute Buchempfehlungen bekam.

_____

> Besondere stilistische Möglichkeiten bieten auch **Partizipialgruppen**.
>
> Ihr Kern kann aus einem oder mehreren **Partizip/ien Präsens** (auch: Partizip I; z. B. *(be-)staunend*) oder aus einem oder mehreren **Partizipien Perfekt** (auch: Partizip II; z. B. *bestaunt* oder *gestaunt*) bestehen. **Partizipien** kennst du von den zusammengesetzten Tempusformen Perfekt, Plusquamperfekt und Futur II. Sie können wie die Infinitivgruppe erweitert werden. Partizipien können aber auch als **Attribute in Nominalgruppen** verwendet werden.

⊃ Aufgaben

a) Lies die beiden Strophen des Gedichts *Die unmögliche Tatsache*.

Strophe 2	Strophe 5
5 „Wie war" (spricht er, sich erhebend	17 Eingehüllt in feuchte Tücher,
6 und entschlossen weiterlebend)	18 prüft er die Gesetzesbücher
7 „möglich, wie dies Unglück, ja –:	19 und ist alsobald im klaren:
8 *daß es überhaupt geschah?*	20 Wagen durften hier nicht fahren!

b) Markiere die Partizipialgruppen. Beschreibe den Unterschied mit Hilfe der Fachbegriffe des Info-Textes.

In Strophe 2: _____

_____

In Strophe 5: _____

_____

c) Partizipialgruppen können zu Adverbialsätzen erweitert werden. Ersetze die Partizipialgruppe in Strophe 2 durch einen inhaltlich passenden Nebensatz. (Wähle eine passende Subjunktion auf S. 123–124 aus und notiere die Art des Adverbialsatzes.)

_____ **satz:** _____ .

d) Ersetze auch die Partizipialgruppe in Strophe 5 durch einen inhaltlich passenden Nebensatz.

_____ **satz:** _____ .

e) Lest die Parabel *Heimkehr* von Franz Kafka (im Downloadbereich). Kafka verwendet zwei Partizipialgruppen. Notiert sie und sprecht über deren poetische Wirkung.

Z____ : _____ **Wirkung:** _____

_____

Z____ : _____ **Wirkung:** _____

_____

f) Verknüpfe folgende Sätze, indem du die unterstrichenen Satzteile als Partizipialgruppen einbaust.

1. *Auf meinem Spaziergang entdecke ich ganz besondere Blumen. Ich <u>nehme die Natur bewusst wahr</u>.*

_____

_____

2. *Einige Blumen, <u>die nicht unter Naturschutz stehen</u>, nehme ich mit nach Hause. Indem ich <u>sie sorgfältig presse und zwischen Löschblättern trockne</u>, bewahre ich sie für besondere Schmuckblätter auf.*

_____

_____